税务干部业务能力测试

综合管理

必学必练

本书编写组　编

中国言实出版社

图书在版编目（CIP）数据

税务干部业务能力测试．综合管理必学必练 / 本书编写组编．-- 北京：中国言实出版社，2022.9

ISBN 978-7-5171-4302-4

Ⅰ．①税… Ⅱ．①本… Ⅲ．①税收管理—中国—干部培训—习题集 Ⅳ．① F812.423-44

中国版本图书馆 CIP 数据核字（2022）第 166825 号

税务干部业务能力测试综合管理必学必练

责任编辑：薛　磊
责任校对：李　岩

出版发行：中国言实出版社

　　　　　地　　址：北京市朝阳区北苑路 180 号加利大厦 5 号楼 105 室
　　　　　邮　　编：100101
　　　　　编辑部：北京市海淀区花园路 6 号院 B 座 6 层
　　　　　邮　　编：100088
　　　　　电　　话：010-64924853（总编室）　010-64924716（发行部）
　　　　　网　　址：www.zgyscbs.cn　E-mail：zgyscbs@263.net

经　　销：新华书店
印　　刷：河北赛文印刷有限公司
版　　次：2022 年 10 月第 1 版　　2022 年 10 月第 1 次印刷
规　　格：710 毫米 × 1000 毫米　　1/16　　12.25 印张
字　　数：200 千字

定　　价：87.00 元
书　　号：ISBN 978-7-5171-4302-4

税务干部数字人事"两测"包括"业务能力升级测试"和"领导胜任力测试",对税务干部促进自我提升,塑造向上向善品格具有重要作用。

业务能力升级,是指依据统一的专业分类、能力分级及达标要求,引导税务干部以自学为主、助学为辅方式,在工作实践中不断提升业务能力,通过日常学习考核、业务能力集中测试或者评定方式,获得相应级档认定,并与干部职务职级晋升挂钩的管理制度。

业务能力专业类别,分为综合管理、纳税服务、征收管理、税务稽查和信息技术等5类。

(一)综合管理类,是指从事税务机关党务、政务、事务等综合管理相关工作的岗位。

(二)纳税服务类,是指税收工作"前台"对由纳税人依法发起的有关工作进行管理的相关岗位。

(三)征收管理类,是指税收工作"后台"对由税务机关依法发起(不含税务稽查)的工作进行管理,对由纳税人依法发起和税务机关依法发起的工作进行监督，以及其他需要开展的工作进行管理的相关岗位。

（四）税务稽查类，是指税务稽查选案、检查、审理和执行等相关岗位。

（五）信息技术类，是指从事税收信息化建设及保障等相关工作的岗位。

领导胜任力，则是评估税务系统各级领导干部拟晋升上一级领导职务应当具备的基本理论素养和领导能力。适用于所有领导职务的评估测试。

本书属于税务干部"两测"必学必练丛书之一，围绕"两测"大纲要求中的"综合管理"进行编写，以方便广大考生备考。

综合管理类的测试主要内容包括：政务管理、干部管理、党务管理、监督管理、财务管理、政府采购、事务管理等。综合管理类测试是考核税务干部从事综合管理相关工作岗位的能力要求是否达标，引导税务干部不仅要在工作实践中提升业务能力，更要通过日常学习来获得相应级档认定，并与干部职务职级晋升挂钩的重要测试。

本书在编写过程中，充分考虑到考生快速高效备考的需求，在多个方面都做了优化，具体来说有以下三个优点：

一是结构合理。全书测试内容，分为四个部分：大纲内容、复习要点、核心知识点、测试题。有提纲有细节、有重点有练习，可以满足考生备考材料的基本需求。

二是重点突出。对于繁多的考试内容，只提炼其中的核心知识点，并且设置针对性的练习题，确保考生在考前快速掌握考点。

　　三是表达简练。对于一目了然的知识点，用最直接简练的表达，没有过多的解释，以免分散考生精力。对于知识点的来源以及文件依据，由于不属于测试内容，考生其实不需要在备考前花精力去了解，即使要深入了解，也不需要通过查书籍的方式进行，因此不在书中进行阐释。

　　以上三个优点可以让考生在最短时间内，花费最少的精力，精准掌握最核心、最高频的考点，从而快速通过测试；而非面面俱到、花费大量的时间背诵大量的知识，给自己的记忆力和精力带来巨大的考验。

　　由于时间及能力有限，书中疏漏在所难免，其中如有不妥之处，恳请读者不吝指正。

目 录

第一章 政务管理

必知考试大纲

必懂复习策略

本章内容为公务员开展日常工作的必备知识，因此较为重要，考生需要着重准备。

本章的复习重点为督查督办、政务公开、宣传舆情、保密管理和公文处理。

其中，督查督办部分，考生需要熟悉督查督办工作的制度规定、基本流程、方法和技能；政务公开要了解政府信息公开的概念、原则与意义；公文处理需要熟悉收文、发文办理流程，掌握公文归档、管理要求；保密管理和宣传舆情也几乎是必考内容，考生们需对税务工作秘密的管理要求，网络社会的发展趋势对舆情管理的影响，涉税舆情管理的纪律、责任、要求以及涉税舆情管理的工作制度和流程等重点掌握。另外，作为税务干部，考生也要对机关日常管理有所了解，尤其是要熟悉上级和本级税务机关工作规则。

由于信访工作和应急管理更多需要在日常工作中灵活把握，所以在考试中不做备考重点，考生做一般了解即可。

备考本章，不仅需要对基本的知识点扎实掌握，更重要的是掌握这些知识点背后的工作原则、核心逻辑，考生最好边思考边记忆，结合自己的相关工作进行模拟，以便能够应对各种题目场景。

在分级考试中，相较于初级考试侧重对基础知识点的考查，中高级考试考生则需更加熟练掌握相关工作规则、工作流程和工作意义。尤其是在宣传舆情方面，中高级考试更注重考查考生对工作具体流程、活动项目的策划实施和评估技能的掌握。

必 会 核 心 知 识

■ 党委书记是党委主要负责人和第一责任人，负责党委全面工作，负责召集和主持党委会议和党委民主生活会，组织党委活动，签发党委文件。

■ 党委委员应当认真落实基层联系点工作制度，深入开展调查研究，每年深入基层的时间不少于 1 个月。

■ 各级税务机关要坚持科学民主决策，完善行政决策程序规则，健全群众参与、专家论证、风险评估、合法性审查和集体讨论决定的决策机制。

■ 税费规范性文件制定要严格合法性审查和合规性评估，不得设定行政许可、行政处罚、行政强制等事项，不得减损纳税人、缴费人和其他行政相对人合法权益或增加其义务。

■ 研究决定重大事项，必须经过深入调查研究和论证评估，涉及相关部门的要充分协商，涉及基层税务机关的要广泛听取意见，涉及纳税人、缴费人重大权益和公众利益的，应采取听证会等多种形式听取各方面意见。

■ 省局领导成员代表省局发表讲话或文章，个人发表讲话或文章，事前须按程序报经批准；省局其他工作人员代表省局发表讲话或文章，或以个人名义发表涉及省局重大事项的讲话或文章，事先须按程序报经批准。

■ 严格执行外出报备和请销假制度，各级税务机关主要负责人离开工作驻地或休假，由办公室按规定程序向上级税务机关及地方党委政府报告。

■ 局领导、机关同一部门负责人原则上不能同时出国（境）、出差、离岗学习、休假，至少应有 1 名局领导或部门负责人主持工作。

■ 税务干部因公因私出国（境）应严格对照税务总局和省局外事工作管理规定的程序和要求，履行审批手续，并将所持出国（境）证件交由有关部门集中统一保管。

■ 党委会议议题由党委书记提出，或者由其他党委委员提出建议，党委书记综合考虑后确定。无特殊原因，一般不得临时动议增加会议议题。

■ 党委会议应当有半数以上党委委员到会方可召开，讨论决定干部任免事项必须有三分之二以上党委委员到会。

■　党委委员因故不能参加会议的应当在会前请假，其意见可以用书面形式表达。

■　党委会议议题涉及本人或者其亲属以及存在其他需要回避情形的，有关党委委员应当回避。

■　根据工作需要，召开党委会议可以请不是党委委员的省局领导班子成员列席。会议召集人可根据议题指定有关人员列席会议。

■　党委会议议题提交表决前，应当进行充分讨论。表决可以采用口头、举手、无记名投票或者记名投票等方式进行，赞成票超过应到会党委委员半数为通过。未到会党委委员的书面意见不得计入票数。表决实行主持人末位表态制。会议研究决定多个事项的，应当逐项进行表决。

■　党委会议由专门人员如实记录，决定事项应当编发会议纪要。党委会议的原始记录、会议纪要、重要议题附件等材料应作为永久性档案材料，按照规定存档备查。会议纪要原则上应分送党委委员。

■　省局会议分为局内会议和系统会议。局内会议包括局务会、局长办公会和局领导专题会议；系统会议包括全省性会议、专题会议和小型专题会议。

■　局务会议由局领导和各单位主要负责人参加，由局长主持。主要任务是：传达贯彻党中央、国务院重要决定、重要会议精神，税务总局和省委省政府重要工作部署，上级领导的重要指示、批示事项；研究工作中的重大事项，包括依法行政重大工作安排，拟定的有重大影响的税费规范性文件和重要工作制度等；研究各单位全年和阶段性工作安排，定期听取工作进展情况汇报；通报和研究其他重大事项。

■　局长办公会议由局领导和局内有关单位主要负责人参加，由局长主持。主要任务是：贯彻落实党中央、国务院和税务总局、省委省政府有关税收工作的决策部署；研究工作中的重要事项，包括落实税收改革、税费征管制度和措施等工作任务；讨论决定各部门、各地区请示的重要事项；通报和研究其他重要事项。

■　局领导专题会议由局领导成员根据工作需要召集，有关单位负责人及相关人员参加，主要任务是专题研究、部署、协调和处理有关工作事项。

■　纪检组负责同志参加局务会议和局长办公会议，根据需要参加局领导专题会议。

■ 局务会议、局长办公会议实行议题审批制度，会议组织工作由办公室负责。局领导专题会议的议题由主办单位提出，召集会议的分管局领导确定，并事先报主要领导同意，会议组织工作由主办机关部门负责。

■ 局务会、局长办公会、局领导专题会议讨论通过决定印发的文件，原则上应在会议结束后的7个工作日内印发。

■ 税务系统各级党委启用或更换新的党委印章，由其上一级党委正式行文予以发布，并公布印章印模。税务机关启用或更换新的行政印章，由其上一级税务机关正式行文予以发布，并公布印章印模。税务机关内设机构启用或更换新的印章，由本级税务机关正式行文予以发布，并公布印章印模。

■ 用印单位发生合并、变更、撤销等情形，不再使用原名称时，旧印章自新印章正式启用之日起，自动失效。

■ 办公室要扎口做好已作废单位、部门印章的收回、登记和销毁工作。

■ 本单位行政印章原则上不得带离单位，如因特殊原因需要异地使用印章，须经办公室领导批准。

■ 税务机关应当永久保管的文书档案包括：（1）税务机关制定的法规政策性文件材料；（2）本机关召开的重要会议，举办重大活动等形成的主要文件材料；（3）本机关职能活动中形成的重要业务文件材料，如本机关年度计划等；（4）本机关关于重要问题的请示与上级机关的批复、批示，重要的报告，总结，综合统计报表等；（5）本机关机构演变，人事任免等文件材料；（6）上级机关制发的属于本机关主管业务的文件材料；（7）同级机关、下级机关关于重要业务问题的来函、请示与本机关的复函、批复等文件材料。

■ 省级税务机关应当将永久保存的档案在本机关保存20年后，省级以下税务机关应当将永久、长期保存的档案在本机关保存10年后，连同案卷目录和有关检索工具、参考资料，一并向同级国家档案馆移交。

■ 根据《优化税务执法方式全面推行"三项制度"实施方案》相关要求，省税务机关按照相对集中、经济高效、安全好用的原则，确定音像记录的存储方式，通过技术手段实现对同一执法对象的文字记录和音像记录的"一户式"集中归档。建立健全基于电子认证、电子签章的税务执法全过程数据化记录机制，形成业务流程清晰、数据链条完整、数据安全有保障的数字化归档管理制度。

■ 要加大力度，有计划有重点地选拔培养优秀年轻干部，发挥档案专家传帮带作用，在理论学习、专业素养、实践锻炼等方面进行精细化培养，努力缓解档案干部队伍断层断档、专业人才短缺等困难。

■ 督办工作按照立项、交办、承办、督促、反馈、审核、归档等程序进行。

■ 承办部门接到督办任务后，应按要求和时限办理，不得延误。承办部门如认为督办事项不属于本部门职责范围，应及时与办公室沟通，不得自行将督办事项转送其他部门办理。

■ 办公室应采取电话催办、网络提醒、实地查看等多种方式，及时掌握督办事项的办理情况，督促工作进展。对重要的督办事项，要跟踪催办。

■ 重要的会签文件，只需作文字修改的，会签须在2个工作日内完成；有重大修改意见需要协调的，会签须在3个工作日内完成。重要的征求意见文件，有时限要求的，按时限办结；没有时限要求的，一般应在7个工作日内回复，其中特急件应在2个工作日内回复，急件应在4个工作日内回复。

■ 因特殊情况，承办部门预计无法按时完成督办事项的，应在截止期满前2个工作日内按程序办理延期。在督办时限后办理延期申请手续的，按逾期未办结处理。

■ 督查流程一般包括：督查立项、实施准备、实地督查、反馈意见、总结汇报、督促整改等环节。

■ 每年年初，各部门根据年度税收工作重点任务，向办公室报送督查工作建议，说明需要督查的事项、对象、时间等。办公室进行汇总，报局领导审定后形成年度督查计划。

■ 一般提前3个工作日向被督查单位下发督查通知，告知督查事项、工作安排、督查组成员及有关要求。

■ 按照督查工作要求，被督查单位应在办公场所、内外网站、办税服务厅等显著位置发布督查组公告，一般包括：督查事项、对象、时间和联系方式等。

■ 实地督查，一般由2名以上督查组成员参加。

■ 督查的方式包括：听取汇报、组织座谈、查阅资料、查询数据文档、走访纳税人、对纳税人反映的问题进行调查核实等，必要时可以延伸检查、约谈相关人员。

■ 根据工作需要，可以采取暗访的形式开展督查。对税务机关的暗访，可以通过拍照、录音、录像等方式留存记录，填写督查工作底稿；必要时暗访人员可以公开身份，进一步核实有关问题。

■ 严格控制督查检查总量频次，大幅度精简压缩一般性督查检查事项，省、市局原则上每年开展 1 次综合督查检查，年初向上一级税务机关报备后实施；确需另行开展的，必须提前报上一级税务机关审批后实施。

■ 办公室应加强与督察内审、巡察、干部监督以及其他相关部门的协调，将综合督查检查与其他各类检查统筹开展，避免多头重复检查，强化信息交流、资源整合、成果共享。

■ 要改进督查方式方法，减少督查检查见面会的参会人员；加强信息共享，可通过信息系统调阅的文件资料、数据报表，不得要求被督查检查单位提供；不得简单以留痕作为评价工作好坏的主要依据。

■ 对违反督促检查时限规定，特别是无故拖延、推诿而贻误工作，造成严重后果和恶劣影响的，依法依据追究相关领导和具体承办人的责任。

■ 政务公开是行政机关全面推进决策、执行、管理、服务、结果全过程公开，加强政策解读、回应关切、平台建设、数据开放，保障公众知情权、参与权、表达权和监督权，增强政府公信力执行力，提升政府治理能力的制度安排。

■ 政务公开"五公开"是指：决策、执行、管理、服务、结果公开。

■ 各地区各部门要将信息公开、政策解读、回应关切、媒体参与等方面情况作为政务公开的重要内容纳入绩效考核体系，政务公开工作分值权重不应低于 4%。

■ 到 2023 年，基本建成全国统一的基层政务公开标准体系，覆盖基层政府行政权力运行全过程和政务服务全流程，基层政务公开标准化规范化水平大幅提高，基层政府政务公开工作机制、公开平台、专业队伍进一步健全完善，政务公开的能力和水平显著提升。

■ 建立健全政府信息公开审查机制。各级税务机关应坚持"先审查、后公开"的原则，依照《中华人民共和国保守国家秘密法》以及其他法律、法规和国家有关规定对拟公开的政府信息进行审查。

■ 建立健全公文公开的审核机制。各级税务机关拟制公文时，起草部门应确定信息公开方式；拟不予公开的，要依法依规说明理由。对拟不予公开的政策性文件，报批前应先送本机关政府信息公开工作机构审查。各级税务机关办公厅（室）在文件审核中，对未确定政府信息公开方式或者没有依法依规说明不公开理由的，应予以退文处理。

■ 税收管理领导基层政务公开标准目录分为政策法规、纳税服务、行政执法3类一级公开事项，税收法律法规、税收规范性文件、纳税人权利、纳税人义务、A级纳税人名单、涉税专业服务相关信息、办税地图、办税日历、办税指南、权责清单、准予行政许可决定公示、行政处罚决定和结果公示、非正常户公告、欠税公告、个体工商户定额公示（公布）公告、委托代征公告16个二级公开事项。

■ 政务公开工作流程规范分为4个部分：公开属性源头管理、信息发布、解读回应、公众参与。

■ 税收宣传绩效评估的主要内容包括：年度税收宣传计划落实情况；税收宣传月组织实施情况；贯彻落实税收宣传工作部署情况；税收宣传制度建设及落实情况。

■ 税收宣传筹划要坚持集中宣传和日常宣传相结合，运用传统媒体和新兴媒体相结合，税收宣传和税收管理服务相结合，正面典型与反面典型相结合，运用各种新闻媒体，以丰富多样的方式方法，广泛开展税收宣传活动。

■ 税收新闻发言人的主要职责包括：指导、协调税收新闻发布筹备、实施工作；审核税收新闻发布建议、新闻发布稿和新闻答问口径；主持税收新闻发布会；代表本级税务机关对外发布税收新闻、声明和有关重要信息。

■ 税收新闻发布的主要内容：（1）党和国家税收工作方针、重大税收决策部署的贯彻执行情况，重要税收政策、征管制度及其实施情况；（2）税务部门组织税收收入情况、税收重点工作的阶段性进展和成效；（3）重大突发税收事件的处理情况；（4）重要涉税案件的查处情况；（5）针对社会舆论关注的税收热点和难点问题，及时发布权威信息，解疑释惑；（6）其他税收信息。

■ 税收新闻发布的主要方式：（1）新闻发布会；（2）新闻通报会（包括记者招待会等）；（3）以新闻发言人的名义发布新闻、声明、谈话；（4）组织新闻记者集体采访或单独参访；（5）国家税务总局网站；（6）其他形式或渠道发布。

■ 新闻发布应掌握真实、准确、简洁、严密四大要点。

■ 税费政策解读"三同步"包括：严格落实税费政策文件与解读稿同步起草、同步审核、同步发布。

■ 税收新闻发布会根据新闻的重要程度和工作需要，可自行组织发布，也可申请政府新闻办公室组织发布。

■ 网站管理工作遵循"规范管理、明确职责、保障安全、提高效率"的原则，采取"统筹规划、统一标准、分工负责、上下联动"的管理模式，全面提升网站管理的质量和水平。

■ 税务新媒体要严格内容发布审查审核制度，坚持分级分类审核、先审后发，按照审核主体、审核流程，严把政治关、政策关、文字关。尤其是发布信息涉及税收业务相关内容的，必须严格执行业务审核流程。对重要业务工作事项，必须经局领导审批后方能发布。

■ 税务新媒体要规范转载发布内容，围绕税收中心工作采用图文并茂等形式开展政策辅导和税收宣传，不得擅自发布代表个人观点、意见及情绪的言论，不得刊登商业广告或链接商业广告页面。要建立原创激励机制，加大信息采编力度，提高原创信息比例。

■ 规范网站信息发布流程，明确信息发布审核职责，遵循"先审批，后发布；谁主管，谁负责"的原则，完善信息采集、编辑、审核、校对、发布等环节程序。对因信息内容不当、审核流程不规范、处理答复不规范等造成不良影响的，将依纪依规追究相关栏目主管部门责任。

■ 创作一部好的税收文学作品，其核心是要提升税收文学境界，重点体现在"五个度"，即用历史观照当下，增强税收文学创作的厚度。从社会俯瞰税收，拓展税收文化事业的广度。携慧眼走进生活，湿润税收文化感情的热度。凭铁肩担当道义，提高税收文学品格的高度。用锤炼砥砺修养，打磨税收文学语言的美度。

■ 按照税务总局、省局要求开展税收影视文化宣传工作和持续推进普法宣传工作要求，积极制作税收公益广告、动漫、微电影或税收文学、电影、电视剧、话剧等税收影视文化作品，在全国性或本省主流媒体、有影响力的公益平台、重要公共场所等进行宣传。

■ 各级税务机关报送上级税务机关的公文，不得同时报送上级税务机关的内设机构；邮寄时，收件人（单位）应与公文主送单位一致。

■ 各级税务机关可以以函的形式向下一级政府行文，商洽工作、询问和答复问题、审批事项。

■ 各级税务机关可以与同级党政各部门、下一级党委政府、相应的军队机关、同级人民团体和具有行政职能的事业单位联合行文。联合行文应当明确主办单位。

■ 各级税务机关的内设机构除办公室和法律规定具有独立执法权的机构外不得对外正式行文。

■ 联合办理的公文，原件由主办机关整理、归档，其他机关保存复制件或其他形式的公文副本。

■ 公文的密级需要变更或者解除的，由原确定密级的机关或者其上级机关决定。

■ 绝密级公文一般不得复制、汇编，确有工作需要的，应当经发文机关或者其上级机关批准。

■ 公文翻印件应当注明翻印的机关名称、日期。

■ 具有永久和30年保存价值的电子公文，应当同时将电子公文的最终版本制成纸质文件归档。

■ 电子公文有相应纸质文件的，还应当标引纸质文件的档号，以保证电子档案和相应纸质档案的一一对应。

■ 国家税务总局制发的电子公文在税务系统内部具有行政效力，可以作为本系统、本机关内部处理公务的依据。

■ 文稿服务工作要注重"领会精神"（Assimilate）、"日积月累"（Accumulate）、"分析研究"（Analyze）、"推敲精改"（Amend）四个环节。

■ 办公厅（室）要高标准、高水平、高质量地做好"三服务"工作，具体体现在政治要强、格局要大、业务要专、效能要高、作风要硬。

■ 服务于领导活动的文稿，总是围绕着客观真理线、领导需求线。文稿越贴近这"两条曲线",就越能受到好评。

■ 党政主要领导干部是保密工作的第一责任人,对本机关、本单位保密工作负总责。

■ 领导干部参加涉密会议,会上发放的涉密文件、资料不得私自留存,应当及时交由本单位机要人员管理,并办理登记手续和签收手续,以确保安全。

■ 领导干部阅处密件时,要严格遵守文件管理规定,在知悉、办理相关事项后,应于当天及时归还秘密载体。如需继续研究处理的,应续办阅文手续另行借阅。

■ 定密分为原始定密和派生定密两种。

■ 原始定密是对初次产生的国家秘密进行确定、变更和解除的活动。派生定密是对已定密事项进行使用、处理、加工后形成的国家秘密进行确定、变更和解除活动。

■ 省税务局涉及的原始定密只有"对某一行业或地区经济社会发展有较大影响的税收政策调整方案",其他事项只有派生定密权。

■ 对当地省级人民政府规定的较大(Ⅲ级)以上突发事件,或出现税务工作人员非正常死亡的事件,事发地税务机关应及时逐级报告税务总局。

■ 书面报告分初次报告、阶段报告和总结报告。事发地税务机关要在突发事件处置结束后7个工作日内报送总结报告。

■ 各级税务机关要保障应急基础建设、演练、培训等日常工作各项经费支出,纳入年度预算优先保障。

■ 各级税务机关应根据周边建筑、地势、水文等环境因素,设置临时避难场所,做好与相关场所产权所有人的沟通协调,明确紧急情况下的疏散转移通道。

必考点检测训练

一、单项选择

1. 党委委员应当认真落实基层联系点工作制度，深入开展调查研究，每年深入基层的时间不少于（　　）。

A．1个月　　　B．2个月　　　C．3个月　　　D．半年

参考答案：A

2. 税费规范性文件制定要严格（　　），不得设定行政许可、行政处罚、行政强制等事项，不得减损纳税人、缴费人和其他行政相对人合法权益或增加其义务。

A．合法性审查和合法性评估

B．合理性审查和合法性评估

C．合法性审查和合规性评估

D．合理性审查和合规性评估

参考答案：C

3. 党委会议应当有半数以上党委委员到会方可召开，讨论决定干部任免事项必须有（　　）以上党委委员到会。

A．二分之一　　　　　　　B．四分之三

C．三分之二　　　　　　　D．三分之一

参考答案：C

4. 局务会议、局长办公会议实行议题审批制度，会议组织工作由办公室负责。局领导专题会议的议题由（　　）提出，召集会议的分管局领导确定，并事先报主要领导同意，会议组织工作由（　　）负责。

A．主办单位　　主办机关部门

B．办公室　　　办公室

C．人事部门　　主办机关部门

D．主办单位　　办公室

参考答案：A

5. 局务会、局长办公会、局领导专题会议讨论通过决定印发的文件，原则上应在会议结束后的（　　）个工作日内印发。

　　A. 3　　　　　B. 5　　　　　C. 7　　　　　D. 15

参考答案：C

6. 本单位行政印章原则上不得带离单位，如因特殊原因需要异地使用印章，须经（　　）批准。

　　A. 主要负责人　　　　　　　B. 局领导

　　C. 主管领导　　　　　　　　D. 办公室领导

参考答案：D

7. 省级税务机关应当将永久保存的档案在本机关保存（　　）年后，省级以下税务机关应当将永久、长期保存的档案在本机关保存（　　）年后，连同案卷目录和有关检索工具、参考资料，一并向同级国家档案馆移交。

　　A. 10　10　　　　　　　　　B. 20　10

　　C. 15　15　　　　　　　　　D. 20　15

参考答案：B

8. 督办工作按照（　　）等程序进行。

　　A. 立项、交办、承办、督促、反馈、总结、归档

　　B. 立项、交办、承办、督促、反馈、审核、总结

　　C. 立项、交办、承办、督促、反馈、审核、归档

　　D. 立项、承办、督促、总结、反馈、审核、归档

参考答案：C

9. 重要的会签文件，只需作文字修改的，会签须在（　　）个工作日内完成；有重大修改意见需要协调的，会签须在（　　）个工作日内完成。重要的征求意见文件，有时限要求的，按时限办结；没有时限要求的，一般应在（　　）个工作日内回复，其中特急件应在（　　）个工作日内回复，急件应在（　　）个工作日内回复。

　　A. 5　3　15　5　7　　　　　B. 2　3　7　2　4

　　C. 7　5　7　1　3　　　　　D. 2　7　7　2　5

参考答案：B

10. 因特殊情况，承办部门预计无法按时完成督办事项的，应在截止期满前（ ）个工作日内按程序办理延期。在督办时限后办理延期申请手续的，按逾期未办结处理。

A. 2　　　　B. 3　　　　C. 5　　　　D. 7

参考答案：A

11. 一般提前（ ）个工作日向被督查单位下发督查通知，告知督查事项、工作安排、督查组成员及有关要求。

A. 2　　　　B. 3　　　　C. 5　　　　D. 7

参考答案：B

12. 实地督查，一般由（ ）名以上督查组成员参加。

A. 5　　　　B. 4　　　　C. 3　　　　D. 2

参考答案：D

13. 严格控制督查检查总量频次，大幅度精简压缩一般性督查检查事项，省、市局原则上每年开展（ ）次综合督查检查，年初向上一级税务机关报备后实施；确需另行开展的，必须提前报上一级税务机关审批后实施。

A. 4　　　　B. 3　　　　C. 2　　　　D. 1

参考答案：D

14. 对违反督促检查时限规定，特别是无故拖延、推诿而贻误工作，造成严重后果和恶劣影响的，依法依据追究（ ）的责任。

A. 具体承办人　　　　　B. 相关领导和具体承办人
C. 主管领导　　　　　　D. 主要负责人

参考答案：B

15. 政务公开是行政机关全面推进（ ）全过程公开，加强政策解读、回应关切、平台建设、数据开放，保障公众知情权、参与权、表达权和监督权，增强政府公信力执行力，提升政府治理能力的制度安排。

A. 决策、管理、问责、服务、结果
B. 决策、执行、管理、服务、结果
C. 决策、服务、执行、管理、问责
D. 决策、执行、管理、结果、问责

参考答案：B

16. 政务公开"五公开"是指（   ）。

A. 决策、管理、问责、服务、结果公开

B. 决策、执行、管理、结果、问责公开

C. 决策、服务、执行、管理、问责公开

D. 决策、执行、管理、服务、结果公开

参考答案：D

17. 各地区各部门要将信息公开、政策解读、回应关切、媒体参与等方面情况作为政务公开的重要内容纳入绩效考核体系，政务公开工作分值权重不应低于（   ）。

A. 6%   B. 5%   C. 4%   D. 3%

参考答案：C

18. 建立健全政府信息公开审查机制。各级税务机关应坚持（   ）的原则，依照《中华人民共和国保守国家秘密法》以及其他法律、法规和国家有关规定对拟公开的政府信息进行审查。

A. "先审查、后公开"   B. "一边审查、一边公开"

C. "先公开、后审查"   D. "只审查、不公开"

参考答案：A

19. 网站管理工作遵循（   ）的原则，采取（   ）的管理模式，全面提升网站管理的质量和水平。

A. "规范管理、明确分工、保障安全、提高效率"

　　"统筹规划、统一标准、分工负责、内外联动"

B. "规范管理、明确职责、保障安全、提高效率"

　　"统筹规划、统一标准、分工负责、上下联动"

C. "规范管理、明确要求、保障安全、提高效率"

　　"统筹规划、统一目标、分工负责、上下联动"

D. "规范要求、明确职责、保障安全、提高效率"

　　"统筹规划、统一规则、分工负责、上下联动"

参考答案：B

20. 规范网站信息发布流程，明确信息发布审核职责，遵循"先审批，后发布；谁主管，谁负责"的原则，完善信息采集、编辑、审核、校对、发布等环节程序。对因信息内容不当、审核流程不规范、处理答复不规范等造成不良影响的，将依纪依规追究（　　）责任。

A．相关栏目主管部门　　　　　B．单位主要负责人

C．局领导　　　　　　　　　　D．办公室责主任

参考答案：A

21. 各级税务机关可以以（　　）的形式向下一级政府行文，商洽工作、询问和答复问题、审批事项。

A．批复　　　　B．函　　　　C．通知　　　　D．议案

参考答案：B

22. 绝密级公文一般不得复制、汇编，确有工作需要的，应当经（　　）批准。

A．发文机关或者其上级机关　　B．发文机关

C．上级机关　　　　　　　　　D．主管部门

参考答案：A

23. 领导干部参加涉密会议，会上发放的涉密文件、资料不得私自留存，应当及时交由本单位（　　）管理，并办理登记手续和签收手续，以确保安全。

A．办公室主任　　　　　　　　B．人事部门

C．机要人员　　　　　　　　　D．纪检组

参考答案：C

24. 原始定密是对（　　）的国家秘密进行确定、变更和解除的活动。派生定密是对（　　）进行使用、处理、加工后形成的国家秘密进行确定、变更和解除活动。

A．已定密事项　已定密事项　　B．初次产生　初次产生

C．已定密事项　初次产生　　　D．初次产生　已定密事项

参考答案：D

25. 书面报告分（　　）。事发地税务机关要在突发事件处置结束后（　　）个工作日内报送总结报告。

A．初次报告、阶段报告、总结报告；7

B．初次报告、中期报告、总结报告；15

C. 初次报告、阶段报告、总结报告；15

D. 初次报告、中期报告、总结报告；7

参考答案：A

二、多项选择

1. 党委书记是党委主要负责人和第一责任人，负责（　　）。

A. 党委全面工作　　　　　　　　B. 召集和主持党委会议

C. 召集和主持党委民主生活会　　D. 组织党委活动

E. 签发党委文件

参考答案：ABCDE

2. 各级税务机关要坚持科学民主决策，完善行政决策程序规则，健全（　　）的决策机制。

A. 群众参与　　　B. 专家论证　　　C. 风险评估

D. 合法性审查　　E. 集体讨论决定

参考答案：ABCDE

3. 省局会议分为局内会议和系统会议。局内会议包括（　　）；系统会议包括全省性会议、专题会议和小型专题会议。

A. 局务会　　　　　　　　B. 局长办公会

C. 局领导专题会议　　　　D. 理论中心组会议

参考答案：ABC

4. 局务会议由局领导和各单位主要负责人参加，由局长主持。主要任务是（　　）。

A. 传达贯彻党中央、国务院重要决定、重要会议精神，税务总局和省委、省政府重要工作部署，上级领导的重要指示、批示事项

B. 研究工作中的重大事项，包括依法行政重大工作安排，拟定的有重大影响的税费规范性文件和重要工作制度等

C. 研究各单位全年和阶段性工作安排，定期听取工作进展情况汇报

D. 通报和研究其他重大事项

参考答案：ABCD

5. 局长办公会议由局领导和局内有关单位主要负责人参加，由局长主持。主要任务是（　　）。

  A. 贯彻落实党中央、国务院和税务总局、省委省政府有关税收工作的决策部署

  B. 研究工作中的重要事项，包括落实税收改革、税费征管制度和措施等工作任务

  C. 讨论决定各部门、各地区请示的重要事项

  D. 通报和研究其他重要事项

参考答案：ABCD

6. 办公室要扎口做好已作废单位、部门印章的（　　）工作。

  A. 收回   B. 登记   C. 销毁   D. 记录

参考答案：ABC

7. 税务机关应当永久保管的文书档案包括：（　　）。

  A. 税务机关制定的法规政策性文件材料

  B. 本机关召开的重要会议，举办重大活动等形成的主要文件材料

  C. 本机关职能活动中形成的重要业务文件材料，如本机关年度计划等

  D. 本机关关于重要问题的请示与上级机关的批复、批示，重要的报告，总结，综合统计报表等

  E. 本机关机构演变，人事任免等文件材料

  F. 上级机关制发的属于本机关主管业务的文件材料

  G. 同级机关、下级机关关于重要业务问题的来函、请示与本机关的复函、批复等文件材料

参考答案：ABCDEFG

8. 督查流程一般包括：（　　）等环节。

  A. 督查立项   B. 实施准备   C. 实地督查

  D. 反馈意见   E. 总结汇报   F. 督促整改

参考答案：ABCDEF

9. 按照督查工作要求，被督查单位应在办公场所、内外网站、办税服务厅等显著位置发布督查组公告，一般包括：（　　）等。

  A. 督查事项   B. 对象

C. 时间　　　　　　　　　D. 联系方式

参考答案：ABCD

10. 督查的方式包括：（　）等，必要时可以延伸检查、约谈相关人员。

A. 听取汇报

B. 组织座谈

C. 查阅资料、查询数据文档

D. 走访纳税人、对纳税人反映的问题进行调查核实

参考答案：ABCD

11. 到 2023 年，基本建成全国统一的基层政务公开标准体系，将是：（　）。

A. 覆盖基层政府行政权力运行全过程和政务服务全流程

B. 基层政务公开标准化规范化水平大幅提高

C. 基层政府政务公开工作机制、公开平台、专业队伍进一步健全完善

D. 政务公开的能力和水平显著提升

参考答案：ABCD

12. 税收管理领导基层政务公开标准目录分为政策法规、纳税服务、行政执法 3 类一级公开事项，（　）、税收规范性文件、纳税人权利、纳税人义务、A 级纳税人名单、（　）、办税地图、办税日历、办税指南、权责清单、准予行政许可决定公示、（　）、非正常户公告、（　）、个体工商户定额公示（公布）公告、委托代征公告 16 个二级公开事项。

A. 税收法律法规　　　　　B. 涉税专业服务相关信息

C. 行政处罚决定和结果公示　　D. 欠税公告

E. 税收执法

参考答案：ABCD

13. 政务公开工作流程规范分为几个部分：（　）。

A. 公开属性源头管理　　　B. 信息发布

C. 解读回应　　　　　　　D. 公众参与

参考答案：ABCD

14. 税收宣传绩效评估的主要内容包括：（　　）。

　　A. 年度税收宣传计划落实情况

　　B. 税收宣传月组织实施情况

　　C. 贯彻落实税收宣传工作部署情况

　　D. 税收宣传制度建设及落实情况

参考答案：ABCD

15. 税收宣传筹划要坚持（　　），运用各种新闻媒体，以丰富多样的方式方法，广泛开展税收宣传活动。

　　A. 集中宣传和日常宣传相结合

　　B. 运用传统媒体和新兴媒体相结合

　　C. 税收宣传和税收管理服务相结合

　　D. 正面典型与反面典型相结合

参考答案：ABCD

16. 税收新闻发言人的主要职责包括：（　　）。

　　A. 指导、协调税收新闻发布筹备、实施工作

　　B. 审核税收新闻发布建议、新闻发布稿和新闻答问口径

　　C. 主持税收新闻发布会

　　D. 代表本级税务机关对外发布税收新闻、声明和有关重要信息

参考答案：ABCD

17. 税收新闻发布的主要内容：（　　）。

　　A. 党和国家税收工作方针、重大税收决策部署的贯彻执行情况，重要税收政策、征管制度及其实施情况

　　B. 税务部门组织税收收入情况、税收重点工作的阶段性进展和成效

　　C. 重大突发税收事件的处理情况

　　D. 重要涉税案件的查处情况

　　E. 针对社会舆论关注的税收热点和难点问题，及时发布权威信息，解疑释惑

　　F. 其他税收信息

参考答案：ABCDEF

18. 税收新闻发布的主要方式：（　　）。

A. 新闻发布会

B. 新闻通报会（包括记者招待会等）

C. 以新闻发言人的名义发布新闻、声明、谈话

D. 组织新闻记者集体采访或单独参访

E. 国家税务总局网站

F. 其他形式或渠道发布

参考答案：ABCDEF

19. 新闻发布应掌握（　　）几大要点。

A. 真实　　　　B. 准确　　　　C. 简洁　　　　D. 严密

参考答案：ABCD

20. 税务新媒体要规范转载发布内容，围绕税收中心工作采用图文并茂等形式开展政策辅导和税收宣传，（　　）。要建立原创激励机制，加大信息采编力度，提高原创信息比例。

A. 不得擅自发布代表个人意见的言论

B. 不得刊登商业广告或链接商业广告页面

C. 不得擅自发布代表个人观点的言论

D. 不得擅自发布代表个人情绪的言论

参考答案：ABCD

21. 创作一部好的税收文学作品，其核心是要提升税收文学境界，重点体现在（　　）。

A. 用历史观照当下，增强税收文学创作的厚度

B. 从社会俯瞰税收，拓展税收文化事业的广度

C. 携慧眼走进生活，湿润税收文化感情的热度

D. 凭铁肩担当道义，提高税收文学品格的高度

E. 用锤炼砥砺修养，打磨税收文学语言的美度

参考答案：ABCDE

22. 文稿服务工作要注重（　　）几个环节。

A. "领会精神"（Assimilate）　　　B. "日积月累"（Accumulate）

C. "分析研究"（Analyze）　　　　D. "推敲精改"（Amend）

参考答案：ABCD

23. 办公厅（室）要高标准、高水平、高质量地做好"三服务"工作，具体体现（　　）。

  A. 政治要强   B. 格局要大   C. 业务要专

  D. 效能要高   E. 作风要硬

            参考答案：ABCDE

24. 服务于领导活动的文稿，总是围绕着（　　）。文稿越贴近这"两条曲线"，就越能受到好评。

  A. 意识形态线   B. 大众需求线

  C. 领导需求线   D. 客观真理线

            参考答案：CD

25. 定密分为（　　）和（　　）两种。

  A. 授权定密   B. 派生定密

  C. 原始定密   D. 法定定密

            参考答案：BC

三、判断

1. 研究决定重大事项，必须经过深入调查研究和论证评估，涉及相关部门的要充分协商，涉及基层税务机关的要广泛听取意见，涉及纳税人、缴费人重大权益和公众利益的，应采取听证会等多种形式听取各方面意见。（　　）

            参考答案：√

2. 省局领导成员代表省局发表讲话或文章，个人发表讲话或文章，事前无须按程序报经批准；省局其他工作人员代表省局发表讲话或文章，或以个人名义发表涉及省局重大事项的讲话或文章，事先须按程序报经批准。（　　）

            参考答案：×

【省局领导成员代表省局发表讲话或文章，个人发表讲话或文章，事前须按程序报经批准；省局其他工作人员代表省局发表讲话或文章，或以个人名义发表涉及省局重大事项的讲话或文章，事先须按程序报经批准。】

3. 严格执行外出报备和请销假制度，各级税务机关主要负责人离开工作驻地或休假，由人事部门按规定程序向上级税务机关及地方党委政府

报告。 （ ）

参考答案：×

【严格执行外出报备和请销假制度，各级税务机关主要负责人离开工作驻地或休假，由办公室按规定程序向上级税务机关及地方党委政府报告。】

4. 局领导、机关同一部门负责人原则上不能同时出国（境）、出差、离岗学习、休假，至少应有 1 名局领导或部门负责人主持工作。 （ ）

参考答案：√

5. 税务干部因公因私出国（境）应严格对照税务总局和省局外事工作管理规定的程序和要求，履行审批手续，并将所持出国（境）证件交由有关部门集中统一保管。 （ ）

参考答案：√

6. 党委会议议题由必须由党委书记提出，无特殊原因，一般不得临时动议增加会议议题。 （ ）

参考答案：×

【党委会议议题由党委书记提出，或者由其他党委委员提出建议，党委书记综合考虑后确定。无特殊原因，一般不得临时动议增加会议议题。】

7. 党委委员因故不能参加会议的应当在会前请假，其意见可以用书面形式表达。 （ ）

参考答案：√

8. 党委会议议题涉及本人或者其亲属以及存在其他需要回避情形的，有关党委委员应当回避。 （ ）

参考答案：√

9. 根据工作需要，召开党委会议可以请不是党委委员的省局领导班子成员列席。会议召集人可根据议题指定有关人员列席会议。 （ ）

参考答案：√

10. 党委会议议题提交表决前，应当进行充分讨论。表决可以采用口头、举手、无记名投票或者记名投票等方式进行，赞成票超过应到会党委委员半数为通过。未到会党委委员的书面意见可以计入票数。表决实行主持人末位表态制。会议研究决定多个事项的，应当逐项进行表决。 （ ）

参考答案：×

【党委会议议题提交表决前，应当进行充分讨论。表决可以采用口头、举手、无记名投票或者记名投票等方式进行，赞成票超过应到会党委委员半数为通过。未到会党委委员的书面意见不得计入票数。表决实行主持人末位表态制。会议研究决定多个事项的，应当逐项进行表决。】

11. 党委会议由专门人员如实记录，决定事项应当编发会议纪要。党委会议的原始记录、会议纪要、重要议题附件等材料应作为永久性档案材料，按照规定存档备查。会议纪要原则上应分送党委委员。　　（　　）

参考答案：√

12. 局领导专题会议由局领导成员根据工作需要召集，有关单位负责人及相关人员参加，主要任务是专题研究、部署、协调和处理有关工作事项。（　　）

参考答案：√

13. 纪检组负责同志参加局务会议和局长办公会议，同时也参加局领导专题会议。　　（　　）

参考答案：×

【纪检组负责同志参加局务会议和局长办公会议，根据需要参加局领导专题会议。】

14. 税务系统各级党委启用或更换新的党委印章，由其上一级党委正式行文予以发布，并公布印章印模。税务机关启用或更换新的行政印章，由其上一级税务机关正式行文予以发布，并公布印章印模。税务机关内设机构启用或更换新的印章，由本级税务机关正式行文予以发布，并公布印章印模。（　　）

参考答案：√

15. 用印单位发生合并、变更、撤销等情形，不再使用原名称时，旧印章自动失效。　　（　　）

参考答案：×

【用印单位发生合并、变更、撤销等情形，不再使用原名称时，旧印章自新印章正式启用之日起，自动失效。】

16. 根据《优化税务执法方式全面推行"三项制度"实施方案》相关要求，省税务机关按照相对集中、经济高效、安全好用的原则，确定音像记录的存储方式，通过技术手段实现对同一执法对象的文字记录和音像记录的"一户式"集中归档。建立健全基于电子认证、电子签章的税务执法全过程数据化记录机制，形成业务流程清晰、数据链条完整、数据安全有保障的数字化归档管理制度。 （ ）

参考答案：√

17. 要加大力度，有计划有重点地选拔培养优秀年轻干部，发挥档案专家传帮带作用，在理论学习、专业素养、实践锻炼等方面进行精细化培养，努力缓解档案干部队伍断层断档、专业人才短缺等困难。 （ ）

参考答案：√

18. 承办部门接到督办任务后，应按要求和时限办理，不得延误。承办部门如认为督办事项不属于本部门职责范围，可以自行将督办事项转送其他部门办理。 （ ）

参考答案：×

【承办部门接到督办任务后，应按要求和时限办理，不得延误。承办部门如认为督办事项不属于本部门职责范围，应及时与办公室沟通，不得自行将督办事项转送其他部门办理。】

19. 办公室应采取电话催办、网络提醒、实地查看等多种方式，及时掌握督办事项的办理情况，督促工作进展。对重要的督办事项，要跟踪催办。 （ ）

参考答案：√

20. 每年年初，各部门根据年度税收工作重点任务，向办公室报送督查工作建议，说明需要督查的事项、对象、时间等。办公室进行汇总，报局领导审定后形成年度督查计划。 （ ）

参考答案：√

21. 根据工作需要，可以采取暗访的形式开展督查。对税务机关的暗访，可以通过拍照、录音、录像等方式留存记录，填写督查工作底稿；必要时暗访人员可以公开身份，进一步核实有关问题。 （ ）

参考答案：√

22. 办公室应加强与督察内审、巡察、干部监督以及其他相关部门的协调，将综合督查检查与其他各类检查统筹开展，避免多头重复检查，强化信

息交流、资源整合、成果共享。 （ ）

参考答案：√

23. 要改进督查方式方法，减少督查检查见面会的参会人员；加强信息共享，可通过信息系统调阅的文件资料、数据报表，不得要求被督查检查单位提供；不得简单以留痕作为评价工作好坏的主要依据。 （ ）

参考答案：√

24. 建立健全公文公开的审核机制。各级税务机关拟制公文时，起草部门应确定信息公开方式；拟不予公开的，要依法依规说明理由。对拟不予公开的政策性文件，报批前应先送本机关政府信息公开工作机构审查。各级税务机关办公厅（室）在文件审核中，对未确定政府信息公开方式或者没有依法依规说明不公开理由的，应予以退文处理。 （ ）

参考答案：√

25. 税费政策解读"三同步"包括：严格落实税费政策文件与解读稿同步起草、同步审核、同步发布。 （ ）

参考答案：√

26. 税收新闻发布会根据新闻的重要程度和工作需要，只能申请政府新闻办公室组织发布。 （ ）

参考答案：×

【税收新闻发布会根据新闻的重要程度和工作需要，可自行组织发布，也可申请政府新闻办公室组织发布。】

27. 税务新媒体要严格内容发布审查审核制度，坚持分级分类审核、先审后发，按照审核主体、审核流程，严把政治关、政策关、文字关。尤其是发布信息涉及税收业务相关内容的，必须严格执行业务审核流程。对重要业务工作事项，必须经局领导审批后方能发布。 （ ）

参考答案：√

28. 按照税务总局、省局要求开展税收影视文化宣传工作和持续推进普法宣传工作要求，积极制作税收公益广告、动漫、微电影或税收文学、电影、电视剧、话剧等税收影视文化作品，在全国性或本省主流媒体、有影响力的公益平台、重要公共场所等进行宣传。 （ ）

参考答案：√

29. 各级税务机关报送上级税务机关的公文，可以同时报送上级税务机关的内设机构；邮寄时，收件人（单位）应与公文主送单位一致。　（　）

参考答案：×

【各级税务机关报送上级税务机关的公文，不得同时报送上级税务机关的内设机构；邮寄时，收件人（单位）应与公文主送单位一致。】

30. 各级税务机关可以与同级党政各部门、下一级党委政府、相应的军队机关、同级人民团体和具有行政职能的事业单位联合行文。联合行文应当明确主办单位。　（　）

参考答案：√

31. 各级税务机关的内设机构除办公室和法律规定具有独立执法权的机构外不得对外正式行文。　（　）

参考答案：√

32. 联合办理的公文，原件由主办机关整理、归档，其他机关也可进行保存。　（　）

参考答案：×

【联合办理的公文，原件由主办机关整理、归档，其他机关保存复制件或其他形式的公文副本。】

33. 公文的密级需要变更或者解除的，由原确定密级的机关或者其上级机关决定。　（　）

参考答案：√

34. 公文翻印件应当注明翻印的机关名称、日期。　（　）

参考答案：√

35. 具有永久和 30 年保存价值的电子公文，应当同时将电子公文的最终版本制成纸质文件归档。　（　）

参考答案：√

36. 电子公文有相应纸质文件的，还应当标引纸质文件的档号，以保证电子档案和相应纸质档案的一一对应。　（　）

参考答案：√

37. 国家税务总局制发的电子公文在税务系统内部具有行政效力，可以作为本系统、本机关内部处理公务的依据。　（　）

参考答案：√

38．党政主要领导干部是保密工作的第一责任人，对本机关、本单位保密工作负总责。　　　　　　　　　　　　　　　　　　　（　）

参考答案：√

39．领导干部阅处密件时，要严格遵守文件管理规定，在知悉、办理相关事项后，应于当天及时归还秘密载体。如需继续研究处理的，应续办阅文手续另行借阅。　　　　　　　　　　　　　　　　　（　）

参考答案：√

40．省税务局涉及的原始定密只有"对某一行业或地区经济社会发展有较大影响的税收政策调整方案"，其他事项只有派生定密权。（　）

参考答案：√

41．对当地省级人民政府规定的较大（Ⅲ级）以上突发事件，或出现税务工作人员非正常死亡的事件，事发地税务机关应直接报告税务总局。（　）

参考答案：×

【对当地省级人民政府规定的较大（Ⅲ级）以上突发事件，或出现税务工作人员非正常死亡的事件，事发地税务机关应及时逐级报告税务总局。】

42．各级税务机关要保障应急基础建设、演练、培训等日常工作各项经费支出，纳入年度预算优先保障。　　　　　　　　　　　　（　）

参考答案：√

43．各级税务机关应根据周边建筑、地势、水文等环境因素，设置临时避难场所，做好与相关场所产权所有人的沟通协调，明确紧急情况下的疏散转移通道。　　　　　　　　　　　　　　　　　　　　（　）

参考答案：√

四、实务题

（一）2022年1月初，A省某市税务局（正处级单位）为全面总结上一年工作情况，部署新一年工作，决定召开年度税务工作会议。办公室负责本次会议的筹备、组织，具体包括拟定会议方案、协调通知、场地布置、经费预算报销、宣传报道、会后督促落实等工作。请据此回答下列问题：

1．根据《中央和国家机关会议费管理办法》有关规定，该会议类别应当是（　　）。

A. 四类会议　　　　　　　　　B. 三类会议

C. 二类会议　　　　　　　　　D. 一类会议

参考答案：A

【A 省某市税务局（正处级单位）说明不是直辖市、计划单列市税务局，根据《中央和国家机关会议费管理办法》有关规定，该会议应为四类会议。】

2. 根据有关规定，该会议的会期为（　　）。

A. 不超过 1 天　　　　　　　　B. 不超过 2 天

C. 不超过 3 天　　　　　　　　D. 不超过 5 天

参考答案：B

【《中央和国家机关会议费管理办法》规定，四类会议的会期不超过 2 天。】

3. 关于该次会议的会场布置，以下做法正确的是（　　）。

A. 在会场入口处悬挂了欢迎标语

B. 在主席台前摆放了花草

C. 在会场入口处布置了背景板

D. 会议桌上摆放了茶杯

参考答案：D

【会场不得悬挂欢迎标语，不摆放花草，不放置背景板，所以只有 D 选项正确。】

4. 关于会议的控制和管理，下列说法不正确的是（　　）。

A. 在保证会议效果的情况下，应尽量做到长会短开

B. 在分组座谈环节，应鼓励大家畅所欲言，不用限制发言人的发言时间

C. 不得向基层转嫁、摊派会议费

D. 年度税务工作会议的召开属于全局性会议，应建立报请审批制度

参考答案：B

【应限制大会发言人的发言时间。】

5. 根据市局财务管理部门要求，此次会议费用报销需使用公务卡。以下说法不正确的是（　　）。

A. 公务卡主要用于日常公务支出和财务报销业务，是一种信用卡（贷记卡）

B. 公务卡应当使用中国银联标准信用卡，由预算单位统一组织本单位工作人员向发卡行申办

C. 公务卡只能用于公务消费，不得用于个人消费

D. 公务卡遗失或损毁后的补办等事项由个人自行向发卡行申请办理

参考答案：C

【公务卡可以用于个人消费。】

（二）2022 年 8 月下旬，某市税务局接到人员来访，反映该市 A 公司销售未按规定开具发票，且数额巨大，众多购货商付清货款收到货物却一直拿不到进项发票，面临下月初申报增值税须支付全额税收的严重后果，也无法给下家开具发票，可能在销售链上的数十家企业之间形成连锁反应。3 天前已经发生十多名购货商代表围堵 A 公司，A 公司法人代表因涉嫌诈骗被公安经侦支队刑拘，企业财务也撒手不管，十多名购货商代表连日来都去公司所在的区税务局门口上访，未得到解决，又到市税务局门口上访，拉横幅，迫切要求解决增值税专用发票开票问题。根据案例，结合信访工作有关规定，回答以下问题：

1. 税务机关信访工作的出发点是（　　）。

A. 联系群众　　　　　　　　B. 广开言路

C. 满足群众要求　　　　　　D. 做好民主监督

参考答案：A

【税务系统信访工作的出发点是联系群众。】

2. 多人采用走访形式提出共同的信访事项的，应当推选代表不得超过的人数是（　　）。

A. 3 人　　　　B. 5 人　　　　C. 8 人　　　　D. 10 人

参考答案：B

【根据税务系统信访工作相关规定，多人采用走访形式提出共同的信访事项的，应当推选代表，代表人数不得超过 5 人。】

3. 如果你是该市税务局信访工作负责人，为保证机关正常办公秩序，正确稳妥的做法是（　　）。

A. 等出差在外的局长回来后再处理

B. 联系相关处室负责人共同接谈处理，并向局领导报告

C. 直接把购货商代表带到局长室，向局长汇报

D. 打电话通知区局负责人，让购货商去区局信访

参考答案：B

【根据税务系统信访工作相关规定，各级税务机关应当设立统一规范的群众来访接待场所，以保证正常办公秩序。对5人以上的集体访，及时向本机关领导报告，按照信访工作应急处理制度，统一指挥，妥善处置。群众来访涉及的事项专业性、政策性较强或影响较大的，由有关工作部门与信访工作机构共同接谈处理。】

4. 关于信访工作，以下说法错误的是（　　）。

A. 信访事项实行"谁首办、谁负责"的首办责任制

B. 对可能引发大规模集体上访和群体性事件的苗头性、倾向性问题，必须按规定及时报告并提前做好工作，不得迟报、漏报和瞒报

C. 发生越级上访的，来访人员所在地的税务机关应当及时向其到访的上级税务机关详细报告信访事由、经过、已采取的措施及法律政策依据、拟采取的措施及法律政策依据

D. 对同一信访事项的重复信访，由最后接访的机关和部门负责处理

参考答案：D

【根据税务系统信访工作相关规定，对同一信访事项的重复信访，由首次办理的机关和部门负责处理。】

5. 为保障合理合法诉求依照法律规定和程序能得到合理合法的结果，要把信访纳入（　　）。

A. 科学化轨道　　　　　　　　B. 规范化轨道

C. 法治化轨道　　　　　　　　D. 制度化轨道

参考答案：C

【党的十八届四中全会明确提出，把信访纳入法治化轨道，保障合理合法诉求依照法律规定和程序就能得到合理合法的结果。】

第二章　干部管理

必知考试大纲

必懂复习策略

本章为重点章节，考生要对其中的知识点熟练掌握。

本章的复习重点为人事管理和教育培训管理，其中公务员管理、领导干部选拔任用、领导班子和干部管理和干部教育培训尤为重要。

在人事管理部分，考生要熟悉公务员奖励、监督与惩戒相关规定；掌握选拔任用原则与条件，选拔任用流程、交流与回避相关规定，领导干部选拔任用相关纪律和监督规定等；熟悉领导干部述职述廉相关规定、干部日常监督管理相关内容。

在教育培训管理部分，考生要熟悉《干部教育培训工作条例》，熟悉培训对象和内容，掌握培训的方式和方法，掌握教育培训机构、师资、课程、教材及经费的相关规定以及教育培训考核与评估。

数字人事相关内容更注重实际运用，考生做简单了解即可。

在分级考试中，本章差别较大的是人事管理部分，考生需注意根据情况合理安排复习重点。初级考试侧重对知识点了解程度的考查；中级考试需更多关注公务员监督惩戒和申诉等相关规定；在高级考试中，考生对相关制度规定要有整体的认识掌握。

必 会 核 心 知 识

■ 机构编制工作必须遵循以下原则：（1）坚持党管机构编制。（2）坚持优化协同高效。（3）坚持机构编制刚性约束。（4）坚持机构编制瘦身与健身相结合。

■ 机构编制工作动议应当根据党中央有关要求和工作需要，按照机构编制管理权限提出。各部门党组（党委）可以动议机关及其所属事业单位机构、职能、编制、领导职数等事项调整，报本级机构编制委员会及其办公室。根据机构编制管理权限可以由部门决定的事项，按照有关规定办理。

■ 机构编制工作的动议应当由党委（党组）领导班子集体讨论决定。

■ 编制和领导职数配备应当符合党中央有关规定和机构编制党内法规、国家法律法规，适应党和国家事业、经济社会发展、机构履职需要。编制配备应当符合编制种类、结构和总额等规定。领导职数配备应当符合领导职务名称、层级、数量等规定，领导职务名称应当与机构层级相符合。

■ 审批机构编制事项应当按程序报批，严格遵守管理权限。各部门提出的机构编制事项申请，由本级机构编制委员会办公室审核后报本级机构编制委员会审批，重大事项由本级机构编制委员会审核后报本级党委审批。需报上一级党委及其机构编制委员会审批的，按程序报批。各级机构编制委员会办公室根据授权审批机构编制事项。

■ 党委（党组）、机构编制委员会应当主要就以下内容对机构编制议题进行审议：（1）是否有利于坚持和加强党的全面领导；（2）是否符合党中央有关规定和机构编制党内法规、国家法律法规以及相关政策规定；（3）是否适应经济社会发展需要和财政保障能力，能否有效解决实际问题；（4）是否科学合理，充分考虑了除调整机构编制外的其他解决办法；（5）是否对可能带来的问题和遇到的困难进行客观分析，并做好应对准备。

■ 经批准发布的各部门各单位"三定"规定、机构编制管理规定等，是机构编制法定化的重要形式，具有权威性和严肃性，是各部门各单位机构职责权限、人员配备和工作运行的基本依据，各地区各部门必须严格执行。"三定"规定的重大调整，应当报上级党委批准后实施。

■ 下级党委应当向上级党委报告机构编制管理情况。各地区各部门落实机构改革、重大体制机制和职责调整等任务的情况，应当及时按程序报告。工作中遇到的问题，在权限范围内能够解决的应当主动协调解决，超出权限的应当按程序请示，重大事项报党中央决定。

■ 机构编制工作情况和纪律要求执行情况应当纳入巡视巡察、党委督促检查、选人用人专项检查、党政主要领导干部经济责任审计等监督范围，发挥监督合力。

■ 对违规超职数、超规格配备领导干部，违规超编录（聘）用、调任、转任人员，挤占挪用财政资金、其他资金为超编人员安排经费，以虚报人员等方式占用编制并冒用财政资金等行为，有关机关应当依规依纪依法查处和纠正。

■ 公务员可以通过领导职务或者职级晋升。担任领导职务的公务员履行领导职责，不担任领导职务的职级公务员依据隶属关系接受领导指挥，履行职责。

■ 公务员职务与职级并行制度实施工作，由各级党委（党组）及其组织（人事）部门分级负责。

■ 职级序列按照综合管理类、专业技术类、行政执法类等公务员职位类别分别设置。

■ 综合管理类公务员职级序列分为：一级巡视巡察员、二级巡视巡察员、一级调研员、二级调研员、三级调研员、四级调研员、一级主任科员、二级主任科员、三级主任科员、四级主任科员、一级科员、二级科员。

■ 公务员职级，是公务员的等级序列，是与领导职务并行的晋升通道，体现公务员政治素质、业务能力、资历贡献，是确定工资、住房、医疗等待遇的重要依据，不具有领导职责。

■ 职级职数按照各类别公务员行政编制数量的一定比例核定。

■ 公务员的职级依据其德才表现、工作实绩和资历确定。

■ 公务员晋升职级应当根据工作需要、德才表现、职责轻重、工作实绩和资历等因素综合考虑，不是达到最低任职年限就必须晋升，也不能简单按照任职年限论资排辈，体现正确的用人导向。提任县处级领导职务的，应当具有 5 年以上工龄和 2 年以上基层工作经历。

■ 公务员晋升职级所要求任职年限的年度考核结果均应为称职以上等次，其间每有 1 个年度考核结果为优秀等次的，任职年限缩短半年；每有 1 个年度考核结果为基本称职等次或者不定等次的，该年度不计算为晋升职级的任职年限。

■ 对公务员、公务员集体的奖励分为：嘉奖、记三等功、记二等功、记一等功、授予称号。对功绩卓著的，授予"人民满意的公务员"、"人民满意的公务员集体"等称号。

■ 公务员、公务员集体因涉嫌违纪违法正在接受组织调查的，暂停实施奖励。具有下列情形之一的，应当撤销奖励：（1）弄虚作假，骗取奖励的；（2）申报奖励时隐瞒严重错误或者严重违反规定程序的；（3）有严重违纪违法等行为，影响称号声誉的；（4）有法律、法规规定应当撤销奖励的其他情形的。

■ 给予公务员、公务员集体的奖励，经同级公务员主管部门或者市（地）级以上机关干部人事部门审核后，按照下列权限审批：（1）嘉奖、记三等功，由县级以上党委和政府或者市（地）级以上机关批准。（2）记二等功，由市（地）级以上党委和政府或者省级以上机关批准。（3）记一等功，由省级党委和政府或者中央和国家机关批准。经省委同意，副省级城市党委和政府可以对本地区公务员、公务员集体给予记一等功奖励。（4）授予称号，由省级以上党委和政府批准。

■ 给予嘉奖和记三等功，一般结合年度考核进行，年度考核被确定为优秀等次的，予以嘉奖；连续三年被确定为优秀等次的，记三等功。

■ 给予记二等功、记一等功和授予"人民满意的公务员""人民满意的公务员集体"荣誉称号，一般每 5 年评选一次。对符合奖励条件的已故人员，可以追授奖励。

■ 行政机关公务员受处分的期间为：警告，6 个月；记过，12 个月；记大过，18 个月；降级、撤职，24 个月。

■ 行政机关公务员在受处分期间不得晋升职务和级别，其中，受记过、记大过、降级、撤职处分的，不得晋升工资档次；受撤职处分的，应当按照规定降低级别。

■ 行政机关公务员受开除处分的，自处分决定生效之日起，解除其与单位的人事关系，不得再担任公务员职务。

■ 行政机关公务员受开除以外的处分，在受处分期间有悔改表现，并且没有再发生违法违纪行为的，处分期满后，应当解除处分。

■ 行政机关公务员解除处分后，晋升工资档次、级别和职务不再受原处分的影响。但是，解除降级、撤职处分的，不视为恢复原级别、原职务。

■ 公务员实行国家统一规定的工资制度。

■ 公务员工资包括基本工资、津贴、补贴和奖金。

■ 公务员有下列情形之一的，予以辞退：（1）在年度考核中，连续两年被确定为不称职的；（2）不胜任现职工作，又不接受其他安排的；（3）因所在机关调整、撤销、合并或者缩减编制员额需要调整工作，本人拒绝合理安排的；（4）不履行公务员义务，不遵守法律和公务员纪律，经教育仍无转变，不适合继续在机关工作，又不宜给予开除处分的；（5）旷工或者因公外出、请假期满无正当理由逾期不归连续超过十五天，或者一年内累计超过三十天的。

■ 对有下列情形之一的公务员，不得辞退：（1）因公致残，被确认丧失或者部分丧失工作能力的；（2）患病或者负伤，在规定的医疗期内的；（3）女性公务员在孕期、产假、哺乳期内的；（4）法律、行政法规规定的其他不得辞退的情形。

■ 公务员的辞退决定应当以书面形式通知被辞退的公务员，并应当告知辞退依据和理由。

■ 被辞退的公务员，可以领取辞退费或者根据国家有关规定享受失业保险。

■ 公务员辞职或者被辞退，离职前应当办理公务交接手续，必要时按照规定接受审计。

■ 国家公务员达到国家规定的退休年龄或完全丧失工作能力的，应当退休。

■ 公务员对涉及本人的人事处理不服，可以按照本规定申请复核或者提出申诉。

■ 公务员复核、申诉期间不停止人事处理的执行。

■ 公务员不因申请复核、提出申诉而被加重处理。

■ 公务员申请复核，应当自知道人事处理之日起三十日内提交书面申请。在复核决定作出前，申请复核的公务员不得提出申诉。

■ 公务员提出申诉和再申诉，应当提交申诉书，同时提交原人事处理决定、复核决定或者申诉处理决定等材料的复印件。

■ 原处理机关在接到复核申请书后，应当在三十日内作出维持、撤销或者变更原人事处理的复核决定，并以书面形式通知申请人。

■ 受理申诉和再申诉的机关应当自决定受理之日起六十日内作出处理决定。案情复杂的，可以适当延长，但是延长时间不得超过三十日。

■ 开展公务员转任，应当遵守下列纪律：（1）不得突破编制限额、职数；（2）不得突破资格条件；（3）不得违反规定程序；（4）不得借机突击调整职位或者突击晋升领导职务、职级；（5）不得滥用职权、玩忽职守、徇私舞弊；（6）对同一人员不得频繁转任。

■ 公务员转任，是指公务员在公务员队伍内部不同职位之间的交流或者交流到参照公务员法管理的机关（单位）工作人员职位。转任的对象主要是下列人员：（1）因工作需要转任的；（2）优化队伍结构需要的；（3）需要通过转任提高能力素质的；（4）在同一职位工作时间较长的；（5）按照规定需要回避的；（6）因其他原因需要转任的。

■ 担任机关内设机构领导职务的公务员在同一职位工作满10年的，不担任领导职务的公务员在组织、人事、纪检、监察、审计、财务、项目和资金审批、招标采购、行政许可、行政处罚等同一职位工作满10年的，应当转任。因工作特殊需要暂缓转任的，应当按照管理权限报公务员主管部门同意。

■ 公务员回避包括任职回避、地域回避和公务回避。

■ 公务员凡有下列亲属关系的，不得在同一机关双方直接隶属于同一领导人员的职位或者有直接上下级领导关系的职位工作，也不得在其中一方担任领导职务的机关从事组织、人事、纪检、监察、审计和财务工作：（1）夫妻关系；（2）直系血亲关系；（3）三代以内旁系血亲关系；（4）近姻亲关系。

■ 公务员担任乡（镇）党委和政府主要领导职务的，应当实行地域回避；公务员不得在本人成长地担任县（市）党委和政府主要领导职务，一般不得在本人成长地担任市（地、盟）党委和政府主要领导职务。

■ 公务员不得在本人成长地担任县（市）纪委监委、组织部门、法院、检察院、公安部门主要领导职务，一般不得在本人成长地担任市（地、盟）纪委监委、组织部门、法院、检察院、公安部门主要领导职务。

■ 公务员应当回避的公务活动包括：（1）考试录用、聘任、调任、领导职务与职级升降任免、考核、考察、奖惩、转任、出国（境）审批；（2）巡视、巡察、纪检、监察、审计、仲裁、案件侦办、审判、检察、信访举报处理；（3）税费稽征、项目和资金审批、招标采购、行政许可、行政处罚；（4）其他应当回避的公务活动。

■ 对拟进入机关的人员和拟晋升、转任等的人员，应当依据本规定加强事前提醒、严格审查把关，根据需要提前调整，避免形成回避关系。对因婚姻、职位变化等新形成的回避关系，应当及时予以调整。

■ 公务员公务回避按照以下程序办理：（1）本人或者利害关系人及时提出回避申请，或者主管领导提出回避要求。（2）所在机关及时进行审查作出是否回避的决定，并告知申请人。（3）对需要回避的，由所在机关调整公务安排。特殊情况下，所在机关可以直接作出回避决定。

■ 选拔任用党政领导干部，应当经过民主推荐。

■ 民主推荐包括谈话调研推荐和会议推荐，推荐结果作为选拔任用的重要参考。

■ 选拔任用领导干部流程：动议—民主推荐—考察—讨论决定—任职。

■ 党政领导干部有下列情形之一的，一般应当免去现职：达到任职年龄界限或者退休年龄界限的；受到责任追究应当免职的；不适宜担任现职应当免职的；因违法违纪应当免职的；辞职或者调出的；非组织选派，个人申请离职学习期限超过1年的；因健康原因，无法正常履行工作职责一年以上的；因工作需要或者其他原因，应当免去现职的。

■ 引咎辞职、责令辞职和因问责被免职的党政领导干部，1年内不安排职务，2年内不得担任高于原任职职务层次的职务。同时受到党纪政纪处分的，按照影响期长的规定执行。

■ 党政领导干部必须做到"信念坚定、为民服务、勤政务实、敢于担当、清正廉洁"。这二十字是新时期好干部标准。

■ 党管干部原则，是干部工作的根本原则。主要包括以下内容：一是由党制定干部工作的路线方针政策。二是由各级党委管理和推荐重要干部，加强领导班子和干部队伍建设。三是党指导干部人事制度改革，改进党管干部方法，努力实现干部工作的科学化、民主化、制度化。四是加强对干部人事工作的宏观管理和监督检查，保证干部工作健康有序进行。

■ 《干部任用条例》规定，民主推荐结果在一年内有效。在具体工作中，应当根据民主推荐的不同情况来把握：（1）对非定向推荐，推荐结果在一年内有效。（2）对具体职位进行的定向推荐，推荐结果在确定该职位考察对象时一年内有效；如果拟任职位变了，一般应当另行组织民主推荐。

■ 有以下情况的，应当按照领导干部个人有关事项报告相关规定进行核实：一是报告的情况与实际情况明显不符合；二是发现漏报、瞒报个人有关事项的；三是有举报或者群众反映需要核实的；四是查核发现考察对象家庭财产明显超过正常收入的，应当要求考察对象说明来源，必要时会同有关部门对其财产来源的合法性进行验证。

■ 党政领导职务实行选任制、委任制，部分专业性较强的领导职务可以实行聘任制。

■ 离任检查通过民主评议、查阅干部选拔任用工作相关材料、听取干部群众意见等方式进行。离任检查按照干部管理权限由上级组织（人事）部门开展。

■ 干部选拔任用工作中应当事前向上级组织（人事）部门报告的有十二种情形，上级组织（人事）部门接到报告后，应当认真审核研究，在十五个工作日内予以答复，未经答复或者未经同意的人选不得提交党委（党组）会议讨论决定。报告内容包括干部任用事项缘由，拟任用干部的个人情况、任用意向、职数空缺、机构规格，以及与所报告事项相关的说明材料等。

■ 干部交流，是指党委（党组）或者组织（人事）部门根据工作需要，通过调任、转任等形式，有计划地对干部的工作岗位进行调整。干部交流主要可以分为：（1）配置性交流；（2）培养性交流；（3）回避性交流。

■ 考察党政领导职务拟任人选，必须依据干部选拔任用条件和不同领导职务的职责要求，全面考察其德、能、勤、绩、廉，严把政治关、品行关、能力关、作风关、廉洁关。

■ 考察党政领导职务拟任人选，应当听取考察对象所在单位组织（人事）部门、纪检监察机关、机关党组织的意见，根据需要可以听取巡视巡察机构、审计机关和其他相关部门意见。

■ 党委（党组）讨论决定干部任免事项，必须有三分之二以上成员到会，并保证与会成员有足够时间听取情况介绍、充分发表意见。与会成员对任免事项，应当逐一发表同意、不同意或者缓议等明确意见，党委（党组）主要负责人应当最后表态。在充分讨论的基础上，采取口头表决、举手表决或者无记名投票等方式进行表决。意见分歧较大时，暂缓进行表决。

■ 实行党政领导干部辞职制度。辞职包括因公辞职、自愿辞职、引咎辞职和责令辞职。辞职应当符合有关规定，手续依照法律或者有关规定程序办理。

■ 选拔任用党政领导干部，必须坚持下列原则：（1）党管干部；（2）德才兼备、以德为先、五湖四海、任人唯贤；（3）事业为上、人岗相适、人事相宜；（4）公道正派、注重实绩、群众公认；（5）民主集中制；（6）依法依规办事。

■ 党政领导干部必须信念坚定、为民服务、勤政务实、敢于担当、清正廉洁，具备下列基本条件：（1）自觉坚持以马克思列宁主义、毛泽东思想、邓小平理论、"三个代表"重要思想、科学发展观、习近平新时代中国特色社会主义思想为指导，努力用马克思主义立场、观点、方法分析和解决实际问题，坚持讲学习、讲政治、讲正气，牢固树立政治意识、大局意识、核心意识、看齐意识，坚决维护习近平总书记党中央的核心、全党的核心地位，坚决维护党中央权威和集中统一领导，自觉在思想上政治上行动上同党中央保持高度一致，经得起各种风浪考验；（2）具有共产主义远大理想和中国特色社会主义坚定信念，坚定道路自信、理论自信、制度自信、文化自信，坚决贯彻执行党的理论和路线方针政策，立志改革开放，献身现代化事业，在社会主义建设中艰苦创业，树立正确政绩观，做出经得起实践、人民、历史检验的实绩；（3）坚持解放思想，实事求是，与时俱进，求真务实，认真调查研究，能够把党的方针政策同本地区本部门实际相结合，卓有成效地开展工作，落实"三严三实"要求，主动担当作为，真抓实干，讲实话，办实事，求实效；（4）有强烈的革命事业心、政治责任感和历史使命感，有斗争精神和斗争本领，有实践经验，有胜任领导工作的组织能力、文化水平和专业素养；（5）正确行使人民赋予的权力，坚持原则，敢抓敢管，依法办事，以身作则，艰苦朴素，勤俭节约，坚持党的群众路线，密切联系群众，自觉接受党和群众的批评、监督，加强道德修养，讲党性、重品行、作表率，带头践行社会主义核心价值观，廉洁从政、廉洁用权、廉洁修身、廉洁齐家，做到自重自省自警自励，反对形式主义、官僚主义、享乐主义和奢靡之风，反对任何滥用职权、谋求私利的行为；（6）坚持和维护党的民主集中制，有民主作风，有全局观念，善于团结同志，包括团结同自己有不同意见的同志一道工作。

■　提拔担任党政领导职务的，应当具备下列基本资格：（1）提任县处级领导职务的，应当具有五年以上工龄和两年以上基层工作经历；（2）提任县处级以上领导职务的，一般应当具有在下一级两个以上职位任职的经历；（3）提任县处级以上领导职务，由副职提任正职的，应当在副职岗位工作两年以上；由下级正职提任上级副职的，应当在下级正职岗位工作三年以上；（4）一般应当具有大学专科以上文化程度，其中厅局级以上领导干部一般应当具有大学本科以上文化程度；（5）应当经过党校（行政学院）、干部学院或者组织（人事）部门认可的其他培训机构的培训，培训时间应当达到干部教育培训的有关规定要求。确因特殊情况在提任前未达到培训要求的，应当在提任后一年内完成培训；（6）具有正常履行职责的身体条件；（7）符合有关法律规定的资格要求。提任党的领导职务的，还应当符合《中国共产党章程》等规定的党龄要求。

■　党政领导干部应当逐级提拔。特别优秀或者工作特殊需要的干部，可以突破任职资格规定或者越级提拔担任领导职务。

■　破格提拔的特别优秀干部，应当政治过硬、德才素质突出、群众公认度高，且符合下列条件之一：在关键时刻或者承担急难险重任务中经受住考验、表现突出、作出重大贡献；在条件艰苦、环境复杂、基础差的地区或者单位工作实绩突出；在其他岗位上尽职尽责，工作实绩特别显著。

■　因工作特殊需要破格提拔的干部，应当符合下列情形之一：领导班子结构需要或者领导职位有特殊要求的；专业性较强的岗位或者重要专项工作急需的；艰苦边远地区、贫困地区急需引进的。

■ 干部任职试用期未满或者提拔任职不满一年的，不得破格提拔。不得在任职年限上连续破格。不得越两级提拔。

■ 党政领导干部选拔任用研判和动议时，根据工作需要和实际情况，如确有必要，也可以把公开选拔、竞争上岗作为产生人选的一种方式。领导职位出现空缺且本地区本部门没有合适人选的，特别是需要补充紧缺专业人才或者配备结构需要干部的，可以通过公开选拔产生人选；领导职位出现空缺，本单位本系统符合资格条件人数较多且需要进一步比选择优的，可以通过竞争上岗产生人选。公开选拔、竞争上岗一般适用于副职领导职位。

■ 公开选拔、竞争上岗应当结合岗位特点，坚持组织把关，突出政治素质、专业素养、工作实绩和一贯表现，防止简单以分数、票数取人。

■ 有下列情形之一的，不得列为领导干部选拔任用考察对象：（1）违反政治纪律和政治规矩的；（2）群众公认度不高的；（3）上一年年度考核结果为基本称职以下等次的；（4）有跑官、拉票等非组织行为的；（5）除特殊岗位需要外，配偶已移居国（境）外，或者没有配偶但子女均已移居国（境）外的；（6）受到诫勉、组织处理或者党纪政务处分等影响期未满或者期满影响使用的；（7）其他原因不宜提拔或者进一步使用的。

■ 深入考察道德品行，加强对工作时间之外表现的考察，注重了解社会公德、职业道德、家庭美德、个人品德等方面的情况。

■ 强化专业素养考察，深入了解专业知识、专业能力、专业作风、专业精神等方面的情况。

■ 注重考察工作实绩，围绕贯彻落实党中央重大决策部署，统筹推进"五位一体"总体布局和协调推进"四个全面"战略布局，深入了解履行岗位职责、贯彻新发展理念、推动高质量发展取得的实际成效。考察地方党政领导班子成员，应当把经济建设、政治建设、文化建设、社会建设、生态文明建设和党的建设等情况作为考察评价的重要内容，防止单纯以经济增长速度评定工作实绩。考察党政工作部门领导干部，应当把履行党的建设职责、制定和执行政策、推动改革创新、营造良好发展环境、提供优质公共服务、维护社会公平正义等作为考察评价的重要内容。

■ 加强作风考察，深入了解为民服务、求真务实、勤勉敬业、敢于担当、奋发有为，遵守中央八项规定精神，反对形式主义、官僚主义、享乐主义和奢靡之风等情况。

■ 强化廉政情况考察，深入了解遵守廉洁自律有关规定，保持高尚情操和健康情趣，慎独慎微，秉公用权，清正廉洁，不谋私利，严格要求亲属和身边工作人员等情况。

■ 考察党政领导职务拟任人选，必须形成书面考察材料，建立考察文书档案。已经任职的，考察材料归入本人干部人事档案。考察材料必须写实，评判应当全面、准确、客观，用具体事例反映考察对象的情况，包括下列内容：（1）德、能、勤、绩、廉方面的主要表现以及主要特长、行为特征；（2）主要缺点和不足；（3）民主推荐、民主测评、考察谈话情况；（4）审核干部人事档案、查核个人有关事项报告、听取纪检监察机关意见、核查信访举报等情况的结论。

■ 提拔担任厅局级以下领导职务的，除特殊岗位和在换届考察时已进行过公示的人选外，在党委（党组）讨论决定后、下发任职通知前，应当在一定范围内公示。公示内容应当真实准确，便于监督，涉及破格提拔的还应当说明破格的具体情形和理由。公示期不少于五个工作日。公示结果不影响任职的，办理任职手续。

■ 实行党政领导干部任职试用期制度。

■ 党政领导干部交流的对象主要是：因工作需要交流的；需要通过交流锻炼提高领导能力的；在一个地方或者部门工作时间较长的；按照规定需要回避的；因其他原因需要交流的。

■ 实行党政领导干部降职制度。党政领导干部在年度考核中被确定为不称职的，因工作能力较弱、受到组织处理或者其他原因不适宜担任现职务层次的，应当降职使用。降职使用的干部，其待遇按照新任职务职级的标准执行。

■ 因不适宜担任现职调离岗位、免职的，一年内不得提拔。降职使用的干部重新提拔，按照有关规定执行。

■ 选拔任用党政领导干部，必须严格执行《党政领导干部选拔任用工作条例》的各项规定，并遵守下列纪律：（1）不准超职数配备、超机构规格提拔领导干部、超审批权限设置机构配备干部，或者违反规定擅自设置职务名称、提高干部职务职级待遇；（2）不准采取不正当手段为本人或者他人谋取职务、提高职级待遇；（3）不准违反规定程序动议、推荐、考察、讨论决定任免干部，或者由主要领导成员个人决定任免干部；（4）不准私自泄露研判、动议、民主推荐、民主测评、考察、酝酿、讨论决定干部等有关情况；（5）不准在干部考察工作中隐瞒或者歪曲事实真相；（6）不准在民主推荐、民主测评、组织考察和选举中搞拉票、助选等非组织活动；（7）不准利用职务便利私自干预下级或者原任职地区、系统和单位干部选拔任用工作；（8）不准在机构变动，主要领导成员即将达到任职年龄界限、退休年龄界限或者已经明确即将离任时，突击提拔、调整干部；（9）不准在干部选拔任用工作中任人唯亲、排斥异己、封官许愿，拉帮结派、搞团团伙伙，营私舞弊；（10）不准篡改、伪造干部人事档案，或者在干部身份、年龄、工龄、党龄、学历、经历等方面弄虚作假。

■ 加强干部选拔任用工作全程监督，严格执行干部选拔任用全程纪实和任前事项报告、"一报告两评议"、专项检查、离任检查、立项督查、"带病提拔"问题倒查等制度。严肃查处违反组织（人事）纪律的行为。对违反《党政领导干部选拔任用工作条例》规定的事项，按照有关规定对党委（党组）主要领导成员和有关领导成员、组织（人事）部门有关领导成员以及其他直接责任人作出组织处理或者纪律处分；涉嫌违法犯罪的，移送有关国家机关依法处理。

■ 对无正当理由拒不服从组织调动或者交流决定的领导干部，依规依纪依法予以免职或者降职使用，并视情节轻重给予处分。

■ 实行党政领导干部选拔任用工作责任追究制度。凡用人失察失误造成严重后果的，本地区本部门用人上的不正之风严重、干部群众反映强烈以及对违反组织（人事）纪律的行为查处不力的，应当根据具体情况，严肃追究党委（党组）及其主要领导成员、有关领导成员、组织（人事）部门、纪检监察机关、干部考察组有关领导成员以及其他直接责任人的责任。

■ "三重一大"制度就是重大事项决策、重要干部任免、重要项目安排、大额资金的使用，必须经集体讨论做出决定的制度。

■ 民主生活会，是指党员领导干部召开的旨在开展批评与自我批评的组织活动制度。

■ 民主生活会的基本内容：贯彻执行党的路线方针政策和决议的情况；

加强领导班子自身建设，实行民主集中制的情况；艰苦奋斗，清正廉洁，遵纪守法的情况；坚持群众路线，改进领导作风，深入调查研究，密切联系群众的情况；其他重要问题。

■ 民主生活会每年召开一次，一般安排在第四季度。

■ 在民主生活会前，要在一定范围内通报会议的时间和主题，听取群众意见，对群众提出的意见，要"原汁原味"地由党委（党组）主要负责人如实反馈给本人，并向上级报告。

■ 每次民主生活会前，党委（党组）可以采取"群众提、自己找、上级点、互相帮"的方法，查找存在的突出问题。

■ 民主生活会召开情况应当向下级党组织或者本单位通报。对于群众普遍关心的整改措施以适当方式公布。

■ 民主生活会后 15 日内，要向上级纪委和党委组织部门报送会议情况报告和会议记录。

■ 民主生活会报告的主要内容是开展批评和自我批评的情况、检查出来的主要问题及整改措施。

■ 领导干部本人的工资及各类奖金、津贴、补贴等应当报告。

■ 领导干部本人从事讲学、写作、咨询、审稿、书画等劳务所得应当报告。

■ 领导干部本人、配偶、共同生活的子女为所有权人或者共有人的房产情况，含有单独产权证书的车库、车位、储藏间等应当报告。

■ 领导干部配偶、子女及其配偶经商办企业的情况应当报告。

■ 领导干部本人、配偶、共同生活的子女在国（境）外的存款和投资情况应当报告。

■ 领导班子成员在本单位全体干部以及下一级领导班子主要负责人的范围内进行述职述廉。

■ 述职述廉的内容主要包括学习贯彻党的路线方针政策情况，执行民主集中制情况，执行干部选拔任用工作规定情况，履行岗位职责和落实党风廉政建设责任情况，遵守廉洁从政规定情况，存在的突出问题和改正措施，其他需要说明的情况。

■ 述职述廉会议结束后，上一级人事、纪检监察部门应对收集到的意见和测评情况进行梳理分析，及时将群众意见、民主评议情况予以反馈。

■ 同一领导班子成员不得在同一时间段内安排因私出国（境）。

■ "裸官"不得在以下岗位任职：（1）党委、人大、政府、政协、纪委、法院、检察院领导成员岗位，上列机关的工作部门或者机关内设机构负责人岗位；（2）国有独资和国有控股企业（含国有独资和国有控股金融企业）正职领导人员、事业单位主要负责人岗位，及其掌握重大商业机密或其他重大机密的领导班子成员和中层领导人员岗位；（3）涉及军事、外交、公安、国家安全、国防科技工业、机要、组织人事等部门中的重要岗位；（4）掌握国家安全事项，以及发展和改革、财政、金融监管等重大经济或科技安全事项等方面的工作岗位；（5）其他不适合由配偶已移居国（境）外的国家工作人员任职的岗位。

■ 税务系统干部社团兼任（职）五个条件：（1）最多可兼任1个社会团体职务。（2）确因工作需要，且所兼任社会团体业务与原工作业务或特长相关。（3）兼职最多不超过两届。（4）兼职的任职年龄界限为70周岁。（5）须按干部管理权限审批或备案同意后方可兼职。

■ 税务系统干部社团兼任（职）三个禁止：（1）禁止兼任社会团体法定代表人。（2）禁止牵头成立新的社会团体。（3）禁止兼任境外社会团体职务。

■ 兼职不得领取报酬（包括薪酬、奖金、津贴、通讯费、交通费、"补差"或是"审稿费"等其他额外利益及各种补助），不能以任何理由和借款领取福利或其他费用。

■ 经批准到社团兼职的干部应就兼职期间的履职情况、是否取酬和报销有关工作费用等，在每年年底以书面形式向所在单位党委报告。

■ 党员领导干部离职或者退（离）休后违反有关规定接受原任职务管辖的地区和业务范围内的企业和中介机构的聘任，或者个人从事与原任职务管辖业务相关的营利活动，情节较轻的，给予警告或者严重警告处分；情节较重的，给予撤销党内职务处分；情节严重的，给予留党察看处分。

■ 党员领导干部离职或者退（离）休后违反有关规定担任上市公司、基金管理公司独立董事、独立监事等职务，情节较轻的，给予警告或者严重警告处分；情节较重的，给予撤销党内职务处分；情节严重的，给予留党察看处分。

■ 公务员辞去公职或者退休的，原系领导成员、县处级以上领导职务的公务员在离职三年内，其他公务员在离职两年内，不得到与原工作业务直接相关的企业或者其他营利性组织任职，不得从事与原工作业务直接相关的营利性活动。

■ 按规定经批准在企业兼职的党政领导干部，不得在企业领取薪酬、奖金、津贴等报酬，不得获取股权和其他额外利益；兼职不得超过1个企业；所兼任职务实行任期制的，任期届满拟连任必须重新审批或备案，连任不超过两届；兼职的任职年龄界限为70周岁。

■ 按规定经批准到企业任职的党政领导干部，应当及时将行政、工资等关系转入企业，不再保留公务员身份，不再保留党政机关的各种待遇。不得将行政、工资等关系转回党政机关办理退（离）休；在企业办理退（离）休手续后，也不得将行政、工资等关系转回党政机关。

■ 领导干部个人有关事项报告主要对象是处级以上干部，职务职级并行后二级调研员及相当职级以上的人员也属年度报告范围。

■ 组织处理，是指党组织对违规违纪违法、失职失责失范的领导干部采取的岗位、职务、职级调整措施，包括停职检查、调整职务、责令辞职、免职、降职。

■ 组织处理工作坚持以下原则：（1）全面从严治党、从严管理监督干部；（2）党委（党组）领导、分级负责；（3）实事求是、依规依纪依法；（4）惩前毖后、治病救人。

■ 领导干部在推进改革中因缺乏经验、先行先试出现失误，尚无明确限制的探索性试验中出现失误，为推动发展出现无意过失，后果影响不是特别严重的，以及已经履职尽责，但因不可抗力、难以预见等因素造成损失的，可以不予或者免予组织处理。

■ 组织处理一般按照以下程序进行：（1）调查核实。（2）提出处理意见。（3）研究决定。（4）宣布实施。

■ 组织（人事）部门向受到组织处理的领导干部所在单位和本人书面通知或者宣布组织处理决定，向提出组织处理建议的机关、单位通报处理情况，在1个月内办理受到组织处理的领导干部调整职务、职级、工资以及其他有关待遇的手续。

■ 领导干部受到组织处理的，当年不得评选各类先进。当年年度考核按照以下规定执行：受到调整职务处理的，不得确定为优秀等次；受到责令辞职、免职、降职处理的，只写评语不确定等次。同时受到党纪政务处分和组织处理的，按照对其年度考核结果影响较重的处理处分确定年度考核等次。

■ 党委（党组）及其组织（人事）部门按照干部管理权限履行组织处理职责。有关机关、单位在执纪执法、日常管理监督等工作中发现领导干部存在需要进行组织处理的情形，应当向党委（党组）报告，或者向组织（人事）部门提出建议。

■ 根据《行政机关公务员处分条例》相关规定，公务员非法出境，或者违反规定滞留境外不归，情节严重的，给予降级或撤职处分。

■ 根据《中国共产党纪律处分条例》相关规定，违反有关规定办理因私出国（境）证件、前往港澳通行证的，情节较轻的，给予警告或者严重警告处分。

■ 税务系统干部的因私出国（境）证件均要交所在单位集中保管，负责保管的部门是组织人事部门。

■ 国家工作人员因私事出国（境），应按照组织、人事管理权限履行审批手续。

■ 干部人事档案工作人员应当政治坚定、坚持原则、忠于职守、甘于奉献、严守纪律。对于表现优秀的干部人事档案工作人员，应当注重培养使用。

■ 干部人事档案主要内容和分类包括十类：履历类材料，自传和思想类材料，考核鉴定类材料，学历学位、专业技术职务（职称）、学术评鉴和教育培训类材料，政审、审计和审核类材料，党、团类材料，表彰奖励类材料，违规违纪违法处理处分类材料，工资、任免、出国和会议代表类材料，其他可供组织参考的材料。

■ 干部人事档案日常管理主要包括档案建立、接收、保管、转递、信息化、统计和保密，档案材料的收集、鉴别、整理和归档等。

■ 干部人事档案利用方式主要包括查（借）阅、复制和摘录等。

■ 因工作需要，符合下列情形之一的，可以查阅干部人事档案：（1）政治审查、发展党员、党员教育、党员管理等；（2）干部录用、聘用、考核、考察、任免、调配、职级晋升、教育培养、职称评聘、表彰奖励、工资待遇、公务员登记备案、退（离）休、社会保险、治丧等；（3）人才引进、培养、评选、推送等；干部日常管理中，熟悉了解干部，研究、发现和解决有关问题等；（4）巡视巡察、选人用人检查、违规选人用人问题查核，组织处理，党纪政务处分，涉嫌违法犯罪的调查取证、案件查办等；（5）经具有干部管理权限的党委（党组）、组织人事部门批准的编史修志，撰写大事记、人物传记，举办展览、纪念活动等；（6）干部日常管理中，熟悉了解干部，研究、发现和解决有关问题等；（7）其他因工作需要利用的事项。

■ 干部本人及其亲属办理公证、诉讼取证等有关干部个人合法权益保障的事项，可以按照有关规定提请相应的组织人事等部门查阅档案。

■ 查阅干部人事档案，查阅单位如实填写干部人事档案查阅审批材料，按照程序报单位负责同志审批签字并加盖公章。

■ 查阅档案应当2人以上，一般均为党员。

■ 干部人事档案一般不予外借，确因工作需要借阅的，借阅单位应当履行审批手续，在规定时限内归还，归还时干部人事档案工作机构应当认真核对档案材料。

■ 干部人事档案工作人员和与其档案管理同在一个部门且有夫妻、直系血亲、三代以内旁系血亲、近姻亲关系人员的档案，由干部人事档案工作人员所在单位组织人事部门另行指定专人管理。

■ 组织人事部门应当明确负责干部人事档案工作的机构，每管理1000卷档案一般应当配备1名专职工作人员。

■ 干部人事档案工作机构负责干部人事档案的建立、接收、保管、转递，档案材料的收集、鉴别、整理、归档，档案信息化等日常管理工作。

■ 组织人事部门应当坚持"凡提必审"、"凡进必审"、干部管理权限发生变化的"凡转必审"，及时做好干部人事档案审核工作。

■ 干部人事档案审核应当在全面审核档案内容的基础上，重点审核干部的出生日期、参加工作时间、入党时间、学历学位、工作经历、干部身份、家庭主要成员及重要社会关系、专业技术职务（职称）、学术评鉴、奖惩等基本信息。

■ 干部人事档案审核主要是审核档案内容是否真实、档案材料是否齐全、档案材料记载内容之间的关联性是否合理以及是否有影响干部使用的情形等。

■ 凡发现档案材料或者信息涉嫌造假的，组织人事部门等应当立即查核，未核准前，一律暂缓考察或者暂停任职、录用、聘用、调动等程序。

■ 全国税务系统中长期人才队伍建设的目标是：税务人才总量显著增长，人才规模和结构与税收事业发展相适应，有利于税收事业科学发展的人才引进、培养、使用、激励等方面的制度建设取得突破性进展，人才工作体制机制趋于科学完善，税收事业科学发展与人的全面发展有机融合，人才辈出、活力迸射的生动局面充分涌现。

■ 全国税务领军人才学员选拔工作遵循党管人才、德才兼备、注重实绩、群众公认、公开公平、竞争择优的原则，根据新时代税收现代化的需要开展，原则上每年组织一次。

■ 领军人才培养方向分为综合管理、税收业务和税收信息化管理三类。

■ 领军人才选拔程序包括报名、推荐（组织推荐、个人自荐）、笔试、素质和业绩评价、面试、考察等环节。

■ 领军人才实践锻炼分为挂职锻炼、专项工作和自选课题三种方式。每位学员每学年至少参加一种方式的实践锻炼。

■ 领军人才挂职锻炼形式包括：（1）上挂。（2）下派。（3）税务总局驻各地特派办挂职。（4）系统外挂职。

■ 青年才俊培养对象为全省各市、县税务局政治突出、业绩优良、具备培养潜力、年龄在35岁以下的副科级及副科级以下的优秀年轻干部。

■ 省局专业人才库管理，围绕人才强税战略，坚持党管人才原则，注重培养专业能力、专业精神，着力打造一支适应新时代中国特色社会主义发展要求和税收工作新形势新任务的专业人才队伍，为加快实现新时代税收现代化提供人才保障。

■ 省局专业人才库人员的选拔，一般按个人报名或组织推荐、资格审查、选拔考试、公示、确认入库等程序进行。

■ 离休干部与退休干部的区别：（1）面向的对象不同。（2）享受的待遇不同。（3）年龄的条件不同。

■ 离休老干部就是新中国成立前参加革命工作，已经离职休养的老干部。

■ 退休老干部就是根据国家有关规定，劳动者因年老或因工、因病致残完全丧失劳动能力而退出工作岗位。

■ 老干部政治待遇包括：阅读文件、听重要报告、参加某些重要会议和重要政治活动等。

■ 离休干部有生活补贴，医疗待遇上是实报实销。

■ 退休干部要领取养老金、享受医疗待遇，必须参保缴费满足相应的条件。

■ 税务干部参加教育培训的时间，一般每年累计不少于12日或90学时。

■ 税务干部在参加组织选派的脱产教育培训期间，一般应享受在岗同等待遇。

■ 税务干部在参加组织选派的脱产教育培训期间，因特殊情况确需请假的，必须严格履行手续。请假时间累计超过总学时1/7的，按退学处理。

■ 税务干部因故未按规定参加教育培训或者未达到教育培训要求的，应当及时补训。

■ 干部教育培训考核不合格的，年度考核不得确定为优秀等次。

■ 无论什么级别的干部参加学习培训都是普通学员。

■ 干部在校学习期间，要住在学员宿舍，吃在学员食堂。

■ 学员之间、教员和学员之间不得用公款相互宴请。

■ 班级、小组不得以集体活动为名聚餐吃请。

■ 学员不得外出参加任何形式的可能影响公正执行公务的宴请和娱乐活动。

■ 组织学员外出进行现场观摩、实地考察调研等活动时，不准警车带路，不接受宴请，一律吃自助餐或便餐，不收受纪念品和土特产，不安排与学习无关的旅游和娱乐活动。

■ 学员不准接受和赠送礼品、礼金、有价证券和支付凭证及土特产等，不得接待以探望为名的各种礼节性来访。

■ 学员之间不准以学习交流、对口走访、交叉考察、集体调研等名义互相旅游。

■ 学员必须自己动手撰写发言材料、学习体会、调研报告和论文等，不准请人代写，不准抄袭他人学习研究成果，不准秘书等工作人员"陪读"。

■ 学员学习培训期间，不得留公车驻校，不得借用其他单位和个人的车辆"伴读"。

■ 学员在校期间及结（毕）业以后，一律不准以同学名义搞"小圈子"。

■ 税务干部个人参加社会化培训，费用一律由本人承担。

■ 税务干部教育培训考核的内容包括干部的学习态度和表现，理论、知识、技能掌握程度，党性修养和作风养成情况，以及解决实际问题的能力等。

■ 司局级、处级领导干部每5年应当参加党校、行政学院、干部学院、税务干部院校，或干部教育培训管理部门认可的其他培训机构累计3个月或者550学时以上的培训。

■ 提拔担任领导职务的，确因特殊情况在提任前未达到教育培训要求的，应当在提任后1年内完成培训。

■ 严禁借培训名义安排公款旅游。严禁借培训名义组织会餐或安排宴请。严禁组织高消费娱乐健身活动。严禁使用培训费购置计算机、复印机、打印机、传真机等固定资产以及开支与培训无关的其他费用。严禁在培训费中列支公务接待费、会议费。严禁套取培训费设立"小金库"。

■ 除必要的现场教学外，7日以内的培训不得组织调研、考察、参观。

■ 干部教育培训评估主要内容包括培训设计、培训实施、培训管理、培训效果。

■ 培训设计的评估指标为：目标设定、课程设置、师资配备等。

■ 培训实施的评估指标为：教学内容、教学方法、教学水平等。

■ 税务总局教育中心负责"学习兴税"平台的制度建设，统筹、指导、协调各单位应用"学习兴税"平台。

■ 税务总局各司局负责"学习兴税"平台本司局主管频道和专区学习资源建设管理，组织本条线开展学习培训测试等活动。

■ "学习兴税"平台账号包括用户账号和管理员账号。

■ 用户账号是用户登录、使用"学习兴税"平台时使用的账号。平台用户原则上为全国税务系统在职工作人员。其他人员根据工作需要使用平台时，按照"谁主管谁负责、谁审批谁负责"的原则，报本级税务局教育培训主管部门办理。

■ 管理员账号权限按照分类分级原则设置。各级系统管理员权限的申请、变更和注销，需填写《"学习兴税"平台管理员权限申请表》，报上级税务局教育培训主管部门审批。税务总局司局管理员权限申请、变更和注销报税务总局教育中心审批。

■ 系统管理员负责本级用户账号审核和基础信息更新。人员调动时，用户账号调整申请由调入单位发起，报本级税务局教育培训主管部门办理，跨区域人员调动报上级税务局教育培训主管部门办理。

■ 各级税务局应用平台举办参与人数超过300人的培训、测试、直播等重大活动时，应至少提前5个工作日填写《"学习兴税"平台重大活动报备单》，报税务总局教育中心备案。

■ "学习兴税"平台是集学习、培训、测试、评价、应用于一体的网络学习培训平台，是推进税务干部教育培训数字化的重要载体，是"学习强国"平台在税务系统的部门化拓展。

■ "学习兴税"平台党建专区由党建工作局负责，税务公共专区由教育中心会同办公厅等司局负责，司局频道由各司局负责。

■ "学习兴税"平台定期测试包括党建知识测试、税务公共知识测试、业务条线知识测试三种类型。

■ "学习兴税"平台学习资源建设包括开发、审核、使用、维护等环节，坚持谁建设谁审核、谁建设谁维护的原则。

■ 数字人事工作，要适应税收改革发展和发票电子化改革（金税四期）要求，完善"用数据说话，靠平时累积，重结果运用，促干部成长，强科技支撑"的工作机制，探索干部信息"一员式"归集、绩效管理"一体化"推进、税收业务"嵌入式"考核、结果数据"智能化"运用的新模式，助力构建信息系统、业务应用与内控绩效的"大三角"税收治理体系。

■ 数字人数业务能力专业类别，分为综合管理、纳税服务、征收管理、税务稽查和信息技术等 5 类。

■ 数字人事业务能力级档，分为初级、中级和高级，共 11 档。其中，初级对应 1—5 档，中级对应 6—9 档，高级对应 10—11 档。

■ 税务干部晋升领导职务，应具备相应的业务能力级档。税务干部晋升职级，原则上应具备相应的业务能力级档。

■ 业务能力升级级档认定采取测试与评定相结合的方式进行，评定升级适用于年满 45 岁的税务干部。

■ 税务干部收到数字人事考核数据反馈后，如有异议的，可在 3 日内向考核考评部门反映；考核考评部门接到反映后 5 日内进行复查并将结果反馈本人。其中，复查结果需要修改数据或者申请人仍有异议的，由数字人事评议委员会会议审议作出决定。

■ 各级税务局应严格执行干部管理有关保密规定，规范数字人事信息系统查询、操作权限设置，防止干部数据信息泄密。职能部门按照最小化规则赋予操作人员权限，严禁违规配置用户权限，严禁擅自修改数字人事信息系统中的数据信息，严禁违规获取、持有数字人事有关数据信息。

■ 各级税务局应依托信息系统、业务应用与内控绩效的"大三角"税收治理体系，建立健全办公厅（室）、组织人事、考核考评、内控督审和税收业务部门的联动机制，加强数字人事与内控监督的融合贯通。

必考点检测训练

一、单项选择

1. 机构编制工作动议应当根据党中央有关要求和工作需要，按照机构编制管理权限提出。各部门党组（党委）可以动议机关及其所属事业单位机构、职能、编制、领导职数等事项调整，报（　　）。根据机构编制管理权限可以由部门决定的事项，按照有关规定办理。

A. 本级机构编制委员会及其办公室

B．上级机构编制委员会及其办公室

C．本级机构编制委员会

D．上级机构编制委员会办公室

参考答案：A

2．审批机构编制事项应当按程序报批，严格遵守管理权限。各部门提出的机构编制事项申请，由本级机构编制委员会办公室审核后报（　　）审批，重大事项由本级机构编制委员会审核后报（　　）。需报上一级党委及其机构编制委员会审批的，按程序报批。各级机构编制委员会办公室根据授权审批机构编制事项。

A．本级党委审批上级党委审批

B．本级机构编制委员会本级党委审批

C．本级机构编制委员会上级党委审批

D．上级机构编制委员会上级党委审批

参考答案：B

3．公务员晋升职级应当根据工作需要、德才表现、职责轻重、工作实绩和资历等因素综合考虑，不是达到最低任职年限就必须晋升，也不能简单按照任职年限论资排辈，体现正确的用人导向。提任县处级领导职务的，应当具有（　　）以上工龄和（　　）以上基层工作经历。

A．5年　2年　　　　　　　　B．10年　2年

C．5年　3年　　　　　　　　D．10年　5年

参考答案：A

4．公务员晋升职级所要求任职年限的年度考核结果均应为（　　）以上等次，其间每有1个年度考核结果为优秀等次的，任职年限缩短半年；每有1个年度考核结果为基本称职等次或者不定等次的，该年度不计算为晋升职级的任职年限。

A．优秀　　　B．称职　　　C．合格　　　D．基本称职

参考答案：B

5．给予公务员、公务员集体的嘉奖、记三等功，经同级公务员主管部门或者市（地）级以上机关干部人事部门审核后，由（　　）级以上党委和政府或者市（地）级以上机关批准。

A. 乡 B. 县 C. 市（地） D. 市

参考答案：B

6. 行政机关公务员在受处分期间不得晋升职务和级别，其中，受记过、记大过、降级、撤职处分的，不得晋升工资档次；受撤职处分的，应当按照规定降低（　　）。

A. 职务 B. 工资 C. 级别 D. 工资档次

参考答案：C

7. 行政机关公务员受开除处分的，自处分决定（　　）之日起，解除其与单位的人事关系，不得再担任公务员职务。

A. 生效 B. 宣布 B. 签收 D. 送达

参考答案：A

8. 行政机关公务员解除处分后，晋升工资档次、级别和职务不再受原处分的影响。但是，解除降级、撤职处分的，（　　）恢复原级别、原职务。

A. 应当 B. 应当在 1 年内
B. 视为 D. 不视为

参考答案：D

9. 公务员的辞退决定应当以（　　）形式通知被辞退的公务员，并应当告知辞退依据和理由。

A. 口头 B. 书面 C. 电话 D. 邮件

参考答案：B

10. 被辞退的公务员，可以领取辞退费或者根据国家有关规定享受（　　）。

A. 养老保险 B. 医疗保险 C. 社会保险 D. 失业保险

参考答案：D

11. 公务员辞职或者被辞退，离职前应当办理公务交接手续，必要时按照规定接受（　　）。

A. 审查 B. 审计 B. 检查 D. 调查

参考答案：B

12. 公务员复核、申诉期间（　　）人事处理的执行。

A. 不停止 B. 停止

C. 暂缓　　　　　　　　　D. 根据原处理机关意见决定

参考答案：A

13. 公务员申请复核，应当自知道人事处理之日起（　　）内提交书面申请。在复核决定作出前，申请复核的公务员不得提出申诉。

A. 十日　　　　B. 十五日　　　　C. 三十日　　　D. 六十日

参考答案：C

14. 担任机关内设机构领导职务的公务员在同一职位工作满（　　）的，应当转任。

A. 2 年　　　　B. 5 年　　　　C. 10 年　　　　D. 15 年

参考答案：C

15. 公务员担任乡（镇）党委和政府主要领导职务的，应当实行（　　）；公务员不得在本人成长地担任县（市）党委和政府主要领导职务，一般不得在本人成长地担任市（地、盟）党委和政府主要领导职务。

A. 任职回避　　　　　　　　B. 公务回避

C. 经济回避　　　　　　　　D. 地域回避

参考答案：D

16. 公务员不得在本人成长地担任县（市）纪委监委、组织部门、法院、检察院、公安部门主要领导职务，一般不得在本人成长地担任市（地、盟）纪委监委、组织部门、法院、检察院、（　　）主要领导职务。

A. 财政部门　　　　　　　　B. 税务部门

C. 国土部门　　　　　　　　D. 公安部门

参考答案：D

17. 选拔任用党政领导干部，应当经过（　　）。

A. 民主推荐　　　　　　　　B. 个人推荐

C. 组织推荐　　　　　　　　D. 会议推荐

参考答案：A

18. 选拔任用领导干部流程（　　）。

A. 动议—民主推荐—考察—讨论决定—任职

B. 考察—民主推荐—动议—讨论决定—任职

C. 动议—讨论决定—考察—民主推荐—任职

D. 考察—讨论决定—动议—民主推荐—任职

参考答案：A

19. 引咎辞职、责令辞职和因问责被免职的党政领导干部，（　）内不安排职务，（　）内不得担任高于原任职职务层次的职务。同时受到党纪政纪处分的，按照影响期长的规定执行。

A. 半年　1年　　　　　　　B. 1年　2年
C. 2年　5年　　　　　　　D. 1年　5年

参考答案：B

20. 党政领导干部必须做到"（　）、为民服务、勤政务实、敢于担当、清正廉洁"。这二十字是新时期好干部标准。

A. 信念坚定　　　　　　　B. 坚定信仰
C. 政治坚定　　　　　　　D. 立场坚定

参考答案：A

21.《干部任用条例》规定，民主推荐结果在（　）内有效。

A. 半年　　　　　　　　　B. 一年
C. 二年　　　　　　　　　D. 五年

参考答案：B

22. 党政领导职务实行（　）、（　），部分专业性较强的领导职务可以实行聘任制。

A. 选任制　推荐制　　　　B. 选任制　考任制
C. 委任制　推荐制　　　　D. 选任制　委任制

参考答案：D

23. 离任检查通过民主评议、查阅干部选拔任用工作相关材料、听取干部群众意见等方式进行。离任检查按照干部管理权限由（　）开展。

A. 上级组织（人事）部门　　B. 同级组织（人事）部门
C. 上级纪检部门　　　　　　D. 同级纪检部门

参考答案：A

24. 干部选拔任用工作中应当事前向上级组织（人事）部门报告的有十二种情形，上级组织（人事）部门接到报告后，应当认真审核研究，在（　）予以答复，未经答复或者未经同意的人选不得提交党委（党组）会议讨论决定。

    A．十日内   B．十个工作日内

    C．十五日内   D．十五个工作日内

参考答案：D

25．党委（党组）讨论决定干部任免事项，必须有（　　）成员到会，并保证与会成员有足够时间听取情况介绍、充分发表意见。

    A．四分之三以上   B．三分之二以上

    C．二分之一以上   D．三分之一以上

参考答案：B

26．提拔担任县处级以上党政领导职务，由副职提任正职的，应当在副职岗位工作（　　）以上；由下级正职提任上级副职的，应当在下级正职岗位工作（　　）以上。

    A．一年　两年   B．两年　三年

    C．一年　三年   D．两年　四年

参考答案：B

27．党政领导干部应当逐级提拔。特别优秀或者工作特殊需要的干部，可以（　　）或者越级提拔担任领导职务。

    A．超越干部任用条例规定   B．不受干部任用条件限制

    C．突破任职资格规定   D．不需要党委会研究

参考答案：C

28．干部任职试用期未满或者提拔任职不满（　　）的，不得破格提拔。

    A．一年   B．两年   C．三年   D．五年

参考答案：A

29．公开选拔、竞争上岗应当结合岗位特点，坚持组织把关，突出（　　）、专业素养、工作实绩和一贯表现，防止简单以分数、票数取人。

    A．专业素养   B．政治素质

    C．工作实绩   D．一贯表现

参考答案：B

30．强化专业素养考察，深入了解（　　）、专业能力、专业作风、专业精神等方面的情况。

A. 专业知识　　　　　　　　B. 专业思想

C. 专业纪律　　　　　　　　D. 专业品质

参考答案：A

31. 提拔担任厅局级以下领导职务的，除特殊岗位和在换届考察时已进行过公示的人选外，在党委（党组）讨论决定后、下发任职通知前，应当在一定范围内公示。公示期不少于（　　）个工作日。

A. 三　　　　B. 五　　　　C. 十　　　　D. 十五

参考答案：B

32. 降职使用的干部，其待遇（　　）标准执行。

A. 应当适当提高　　　　　　B. 按照原职务的

C. 可以适当提高　　　　　　D. 按照新任职务职级的

参考答案：D

33. 因不适宜担任现职调离岗位、免职的，（　　）年内不得提拔。

A. 一　　　　B. 二　　　　C. 三　　　　D. 四

参考答案：A

34. 对无正当理由拒不服从组织调动或者交流决定的领导干部，依规依纪依法予以（　　）或者（　　）使用，并视情节轻重给予处分。（停职　降职　免职　停职　免职　撤职）

A. 停职　降职　　　　　　　B. 免职　降职

C. 免职　停职　　　　　　　D. 免职　撤职

参考答案：B

35. "三重一大"制度就是重大事项决策、重要干部任免、重要项目安排、大额资金的使用，必须经（　　）做出决定的制度。

A. 领导同意　　　　　　　　B. 分组讨论

C. 集体讨论　　　　　　　　D. 无记名投票

参考答案：C

36. 民主生活会每年召开（　　）次，一般安排在第（　　）季度。

A. 一　一　　　　　　　　　B. 一　四

C. 两　一　　　　　　　　　D. 两　四

参考答案：B

37. 下级党委应当向（ ）报告机构编制管理情况。

  A. 上级党委

  B. 本级机构编制委员会

  C. 上级机构编制委员会

  D. 上级机构编制委员会

参考答案：A

38. 年度考核被确定为优秀等次的，予以（ ）。

  A. 嘉奖 　　 B. 三等功 　　 C. 二等功 　　 D. 一等功

参考答案：A

39. 原处理机关在接到复核申请书后，应当在（ ）日内作出维持、撤销或者变更原人事处理的复核决定，并以书面形式通知申请人。

  A. 十五 　　 B. 三十 　　 C. 六十 　　 D. 九十

参考答案：B

40. 受理申诉和再申诉的机关应当自决定受理之日起（ ）日内作出处理决定。案情复杂的，可以适当延长，但是延长时间不得超过（ ）日。

  A. 六十 三十 　　　　　　 B. 三十 十五

  C. 六十 十五 　　　　　　 D. 三十 三十

参考答案：A

41. 用户账号是用户登录、使用"学习兴税"平台时使用的账号。平台用户原则上为（ ）。其他人员根据工作需要使用平台时，按照"谁主管谁负责、谁审批谁负责"的原则，报本级税务局教育培训主管部门办理。

  A. 凡注册该平台的用户

  B. 使用过该平台的人员

  C. 全国税务系统在职工作人员

  D. 全国税务系统在职青年干部

参考答案：C

42. 培训设计的评估指标不包括以下哪一项？（ ）

  A. 目标设定 　　　　　　 B. 课程设置

  C. 师资配备 　　　　　　 D. 教学内容

参考答案：D

43. 各级税务局应用平台举办参与人数超过 300 人的培训、测试、直播等重大活动时，应至少提前（　　）个工作日填写《"学习兴税"平台重大活动报备单》，报税务总局教育中心备案。

　　A. 3　　　　　　B. 5　　　　　　C. 6　　　　　　D. 7

参考答案：B

44. 培训实施的评估指标不包括以下哪一项？（　　）

　　A. 师资配备　　　　　　　　　　B. 教学内容
　　C. 教学方法　　　　　　　　　　D 教学水平

参考答案：A

45. 司局级、处级领导干部每（　　）年应当参加党校、行政学院、干部学院、税务干部院校，以及干部教育培训管理部门认可的其他培训机构累计3 个月或者 550 学时以上的培训。

　　A. 2　　　　　　B. 3　　　　　　C. 4　　　　　　D. 5

参考答案：D

46. 提拔担任领导职务的，确因特殊情况在提任前未达到教育培训要求的，应当在提任后（　　）内完成培训。

　　A. 3 个月内　　　B. 6 个月内　　　C. 一年内　　　D. 三年内

参考答案：C

47. 因工作需要，可以查阅干部人事档案，不包括以下哪种情形？（　　）

　　A. 政治审查、发展党员、党员教育、党员管理

　　B. 干部录用、聘用、考核、考察、任免、调配、职级晋升、教育
　　　　培养、职称评聘、表彰奖励、工资待遇、公务员登记备案、退
　　　　（离）休、社会保险、治丧等

　　C. 人才引进、培养、评选、推送等；干部日常管理，熟悉了解干部，
　　　　研究、发现和解决有关问题等

　　D. 因个人好奇，想要打探同事个人情况

参考答案：D

48. 民主生活会后（　　）内，要向上级纪委和党委组织部门报送会议情况报告和会议记录。

　　A. 5 日　　　　　B. 7 日　　　　　C. 15 日　　　　D. 30 日

参考答案：C

49. 管理员账号权限按照（ ）设置。各级系统管理员权限的申请、变更和注销，需填写《"学习兴税"平台管理员权限申请表》，报上级税务局教育培训主管部门审批。税务总局司局管理员权限申请、变更和注销报税务总局教育中心审批。

A. 谁主管谁负责原则 　　　　B. 所在单位自定原则

C. 分级原则 　　　　　　　　D. 分类分级原则

参考答案：D

50. 组织（人事）部门向受到组织处理的领导干部所在单位和本人书面通知或者宣布组织处理决定，向提出组织处理建议的机关、单位通报处理情况，在（ ）办理受到组织处理的领导干部调整职务、职级、工资以及其他有关待遇的手续。

A. 7日内 　　　　　　　　　B. 15日内

C. 一个月内 　　　　　　　　D. 三个月内

参考答案：C

51. 税务系统干部的因私出国（境）证件均要交所在单位集中保管，负责保管的部门是（ ）。

A. 组织人事部门 　　　　　　B. 党委办公室

C. 党委纪检部门 　　　　　　D. 党建工作部门

参考答案：A

52. 组织人事部门应当明确负责干部人事档案工作的机构，每管理（ ）卷档案一般应当配备1名专职工作人员。

A. 500 　　　　B. 1000 　　　　C. 1500 　　　　D. 2000

参考答案：B

53. 青年才俊培养对象为全省各市、县税务局政治突出、业绩优良、具备培养潜力、年龄在（ ）的副科级及副科级以下的优秀年轻干部。

A. 25岁以上 　　　　　　　　B. 30岁以下

C. 35岁以下 　　　　　　　　D. 40岁以下

参考答案：C

54. 查阅档案应当（ ）人以上，一般均为党员。

A. 2 　　　　B. 3 　　　　C. 4 　　　　D. 5

参考答案：A

55. 税务干部参加教育培训的时间，一般每年累计不少于（　　）日或（　　）学时。

  A. 12；90 B. 14；100 C. 15；110 D. 16；120

参考答案：A

56. 领导干部个人有关事项报告主要对象是（　　）以上干部，职务职级并行后二级调研员及相当职级以上的人员也属年度报告范围。

  A. 科员   B. 股级   C. 处级   D. 厅级

参考答案：C

57. 公务员辞去公职或者退休的，原系领导成员、县处级以上领导职务的公务员在离职（　　）年内，其他公务员在离职两年内，不得到与原工作业务直接相关的企业或者其他营利性组织任职，不得从事与原工作业务直接相关的营利性活动。

  A. 一年   B. 二年   C. 三年   D. 四年

参考答案：C

58. 全国税务领军人才学员选拔工作遵循党管人才、德才兼备、注重实绩、群众公认、公开公平、竞争择优的原则，根据新时代税收现代化的需要开展，原则上（　　）组织一次。

  A. 每三个月 B. 每半年 C. 每年   D. 每三年

参考答案：C

59. 领导干部本人以下哪方面所得无需报告？（　　）

  A. 讲学   B. 写作   C. 审稿   D. 工资

参考答案：D

60. 干部本人及其亲属办理公证、诉讼取证等有关干部个人合法权益保障的事项，可以按照有关规定提请相应的（　　）查阅档案。

  A. 党建工作部门   B. 办公室部门

  C. 组织人事部门   D. 党委纪检部门

参考答案：C

61. 根据《中国共产党纪律处分条例》相关规定，违反有关规定办理因私出国（境）证件、前往港澳通行证的，情节较轻的，怎样处理？（　　）

  A. 不予处分   B. 批评教育

C．给予警告或者严重警告处分　　D．给予降级或撤职处分

参考答案：C

62．党员领导干部离职或者退（离）休后违反有关规定担任上市公司、基金管理公司独立董事、独立监事等职务，情节较轻的，怎样处理？（　）

A．进行批评教育

B．给予警告或者严重警告处分

C．给予撤销党内职务处分

D．给予留党察看处分

参考答案：B

63．按规定经批准在企业兼职的党政领导干部，不得在企业领取薪酬、奖金、津贴等报酬，不得获取股权和其他额外利益；兼职不得超过（　）个企业；所兼任职务实行任期制的，任期届满拟连任必须重新审批或备案，连任不超过两届；兼职的任职年龄界限为（　）周岁。

A．1；60　　　B．2；65　　　C．1；70　　　D．2；70

参考答案：C

64．党员领导干部离职或者退（离）休后违反有关规定接受原任职务管辖的地区和业务范围内的企业和中介机构的聘任，或者个人从事与原任职务管辖业务相关的营利活动，情节严重的，给予什么处分？（　）

A．给予警告或者严重警告处分

B．给予撤销党内职务处分

C．给予留党察看处分

D．给予开除党籍处分

参考答案：C

65．离休干部有生活补贴，医疗待遇上是以下哪种？（　）

A．据实报销　　　　　　　　B．定额报销

C．结算报销　　　　　　　　D．实报实销

参考答案：D

66．领导干部受到组织处理的，当年不得评选各类先进。受到调整职务处理的，应如何处理？（　）

A．不得确定为优秀等次

    B. 只写评语不确定等次

    C. 按照对其年度考核结果影响较重的处理处分确定年度考核等次

    D. 按照正常情况确定等次

参考答案：A

67. 税务干部在参加组织选派的脱产教育培训期间，因特殊情况确需请假的，必须严格履行手续。请假时间累计超过总学时（　　）的，按退学处理。

    A. 1/4   B. 1/5   C. 1/6   D. 1/7

参考答案：D

68. 干部教育培训考核不合格的，年度考核不得确定为（　　）。

    A. 优秀等次   B. 良好等次

    C. 合格等次   D. 待定等次

参考答案：A

69. 党委（党组）及其组织（人事）部门按照干部管理权限履行组织处理职责。有关机关、单位在执纪执法、日常管理监督等工作中发现领导干部存在需要进行组织处理的情形，应当向党委（党组）报告，或者向（　　）部门提出建议。

    A. 党委纪检   B. 办公室

    C. 组织人事   D. 党建工作

参考答案：C

70. 凡发现档案材料或者信息涉嫌造假的，（　　）部门等应当立即查核，未核准前，一律暂缓考察或者暂停任职、录用、聘用、调动等程序。

    A. 党委纪检   B. 办公室

    C. 组织人事   D. 党建工作

参考答案：C

71. 业务能力升级级档认定采取测试与评定相结合的方式进行，评定升级适用于年满（　　）岁的税务干部。

    A. 35   B. 40   C. 45   D. 50

参考答案：C

72. 税务干部收到数字人事考核数据反馈后，如有异议的，可在（　　）日内向考核考评部门反映；考核考评部门接到反映后（　　）日内进行复查并将结果反馈本人。其中，复查结果需要修改数据或者申请人仍有异议的，由数字人事评议委员会会议审议作出决定。

A. 3；5　　　　B. 2；3　　　　C. 3；7　　　　D. 2；5

参考答案：A

二、多项选择

1. 机构编制工作必须遵循以下原则（　　）。

A. 坚持党管机构编制

B. 坚持优化协同高效

C. 坚持机构编制刚性约束

D. 坚持机构编制瘦身与健身相结合

参考答案：ABCD

2. 编制和领导职数配备应当符合党中央有关规定和机构编制党内法规、国家法律法规，适应（　　）需要。编制配备应当符合编制种类、结构和总额等规定。领导职数配备应当符合领导职务名称、层级、数量等规定，领导职务名称应当与机构层级相符合。

A. 党和国家事业　　　　B. 经济社会发展

C. 机构履职需要　　　　D. 工作运转需要

参考答案：ABC

3. 党委（党组）、机构编制委员会应当主要就以下内容对机构编制议题进行审议（　　）。

A. 是否有利于坚持和加强党的全面领导

B. 是否符合党中央有关规定和机构编制党内法规、国家法律法规以及相关政策规定

C. 是否适应经济社会发展需要和财政保障能力，能否有效解决实际问题

D. 是否科学合理，充分考虑了除调整机构编制外的其他解决办法

E. 是否对可能带来的问题和遇到的困难进行客观分析，并做好应对准备

参考答案：ABCDE

4. 经批准发布的各部门各单位"三定"规定、机构编制管理规定等，是机构编制法定化的重要形式，具有（　　）和（　　），是各部门各单位机构职责权限、人员配备和工作运行的基本依据，各地区各部门必须严格执行。

　　A. 合法性　　　　B. 合规性　　　　C. 权威性　　　　D. 严肃性

参考答案：CD

5. 机构编制工作情况和纪律要求执行情况应当纳入（　　）等监督范围，发挥监督合力。

　　A. 巡视巡察

　　B. 党委督促检查

　　C. 选人用人专项检查

　　D. 党政主要领导干部经济责任审计

参考答案：ABCD

6. 职级序列按照（　　）、（　　）、（　　）等公务员职位类别分别设置。

　　A. 综合管理类　　　　　　　　B. 综合技术类

　　C. 专业技术类　　　　　　　　D. 行政执法类

参考答案：ACD

7. 公务员职级，是公务员的等级序列，是与领导职务并行的晋升通道，体现公务员（　　）、（　　）、（　　），是确定工资、住房、医疗等待遇的重要依据，不具有领导职责。

　　A. 政治素质　　　　　　　　　B. 业务能力

　　C. 资历贡献　　　　　　　　　D. 工作实绩

参考答案：ABC

8. 公务员的职级依据其（　　）、（　　）和（　　）确定。

　　A. 政治能力　　　　　　　　　B. 德才表现

　　C. 工作实绩　　　　　　　　　D. 资历

参考答案：BCD

9. 公务员、公务员集体因涉嫌违纪违法正在接受组织调查的，暂停实施奖励。具有下列情形之一的，应当撤销奖励（　　）。

　　A. 申报奖励时隐瞒严重错误或者严重违反规定程序的

　　B. 弄虚作假，骗取奖励的

C. 有严重违纪违法等行为，影响称号声誉的

D. 有法律、法规规定应当撤销奖励的其他情形的

参考答案：ABCD

10. 公务员工资包括（　　）。

　　A. 基本工资　　　B. 津贴　　　　C. 补贴　　　　D. 奖金

参考答案：ABCD

11. 公务员有下列情形之一的，予以辞退（　　）。

　　A. 在年度考核中，连续两年被确定为不称职的

　　B. 在年度考核中，连续三年被确定为不称职的

　　C. 不胜任现职工作，又不接受其他安排的

　　D. 不胜任现职工作，接受其他合理安排的

　　E. 不履行公务员义务，不遵守法律和公务员纪律，经教育仍无转变，不适合继续在机关工作，又不宜给予开除处分的

参考答案：ACE

12. 对有下列情形之一的公务员，不得辞退（　　）。

　　A. 患病或者负伤，在规定的医疗期内的

　　B. 因公致残，被确认丧失或者部分丧失工作能力的

　　C. 地方性法规、部门规章规定的其他不得辞退的情形

　　D. 女性公务员在孕期、产假、哺乳期内的

参考答案：ABD

13. 公务员对涉及本人的人事处理不服，可以按照本规定（　　）。

　　A. 申请复核　　　　　　　　B. 申请复议

　　C. 提出申诉　　　　　　　　D. 提出控告

参考答案：AC

14. 开展公务员转任，应当遵守下列纪律（　　）。

　　A. 不得滥用职权、玩忽职守、徇私舞弊

　　B. 不得突破编制限额、职数

　　C. 不得借机突击调整职位或者突击晋升领导职务、职级

　　D. 对同一人员不得频繁转任

参考答案：ABCD

15. 公务员转任，是指公务员在公务员队伍内部不同职位之间的交流或者交流到参照公务员法管理的机关（单位）工作人员职位。转任的对象主要是下列人员（　　）。

    A. 因工作需要转任的

    B. 因个人原因需要转任的

    C. 优化队伍结构需要的

    D. 需要通过转任提高能力素质的

    E. 在同一职位工作时间较长的

参考答案：ACDE

16. 公务员回避包括（　　）。

    A. 经济回避   B. 任职回避

    C. 地域回避   D. 公务回避

参考答案：BCD

17. 公务员凡有下列亲属关系的，不得在同一机关双方直接隶属于同一领导人员的职位或者有直接上下级领导关系的职位工作，也不得在其中一方担任领导职务的机关从事组织、人事、纪检、监察、审计和财务工作（　　）。

    A. 五代以内旁系血亲关系   B. 近姻亲关系

    C. 直系血亲关系   D. 夫妻关系

参考答案：BCD

18. 公务员应当回避的公务活动包括（　　）。

    A. 巡视、巡察、纪检、监察、审计、仲裁、案件侦办、审判、检察、信访举报处理

    B. 税费稽征、项目和资金审批、招标采购、行政许可、行政处罚

    C. 考试录用、聘任、调任、领导职务与职级升降任免、考核、考察、奖惩、转任、出国（境）审批

    D. 其他应当回避的公务活动

参考答案：ABCD

19. 公务员公务回避按照以下程序办理（　　）。

    A. 本人或者利害关系人及时提出回避申请，或者主管领导提出回避要求

B. 所在机关及时进行审查作出是否回避的决定，并告知申请人

C. 对需要回避的，由所在机关调整公务安排。特殊情况下，所在机关可以直接作出回避决定。

D. 对需要回避的，由上级机关调整公务安排。特殊情况下，所在机关可以直接作出回避决定。

参考答案：ABC

20. 民主推荐包括（ ）和（ ），推荐结果作为选拔任用的重要参考。

A. 谈话调研推荐　　　　　　B. 组织推荐

C. 会议推荐　　　　　　　　D. 个人推荐

参考答案：AC

21. 党政领导干部有下列情形之一的，一般应当免去现职（ ）。

A. 非组织选派，个人申请离职学习期限超过 1 年的

B. 组织选派，离职学习期限超过 3 年的

C. 不适宜担任现职应当免职的

D. 因健康原因，无法正常履行工作职责一年以上的

E. 受到责任追究应当免职的

参考答案：ACDE

22. 党管干部原则，是干部工作的根本原则。主要包括以下内容（ ）。

A. 由党制定干部工作的路线方针政策

B. 由各级党委管理和推荐重要干部，加强领导班子和干部队伍建设

C. 党指导干部人事制度改革，改进党管干部方法，努力实现干部工作的科学化、民主化、制度化

D. 加强对干部人事工作的宏观管理和监督检查，保证干部工作健康有序进行

参考答案：ABCD

23. 有以下情况的，应当按照领导干部个人有关事项报告相关规定进行核实（ ）。

A. 发现漏报、瞒报个人有关事项的

B. 有举报或者群众反映需要核实的

C. 查核发现考察对象家庭财产明显超过正常收入的，应当要求考察

对象说明来源，必要时会同有关部门对其财产来源的合法性进行验证

D. 报告的情况与实际情况明显不符合

参考答案：ABCD

24. 干部交流，是指党委（党组）或者组织（人事）部门根据工作需要，通过调任、转任等形式，有计划地对干部的工作岗位进行调整。干部交流主要可以分为（　）、（　）、（　）。

A. 培养性交流　　　　　　　　B. 回避性交流
C. 调整性交流　　　　　　　　D. 配置性交流

参考答案：ABD

25. 考察党政领导职务拟任人选，必须依据干部选拔任用条件和不同领导职务的职责要求，全面考察其德、能、勤、绩、廉，严把（　）。

A. 政治关　　　　B. 品行关　　　　C. 能力关
D. 作风关　　　　E. 廉洁关

参考答案：ABCDE

26. 考察党政领导职务拟任人选，应当听取考察对象所在单位（　）的意见，根据需要可以听取巡视巡察机构、审计机关和其他相关部门意见。

A. 机关党组织　　　　　　　　B. 组织（人事）部门
C. 纪检监察机关　　　　　　　D. 财务部门

参考答案：ABC

27. 实行党政领导干部辞职制度。辞职包括（　）。

A. 因公辞职　　　　　　　　　B. 自愿辞职
C. 引咎辞职　　　　　　　　　D. 责令辞职

参考答案：ABCD

28. 选拔任用党政领导干部，必须坚持下列原则（　）。

A. 党管干部　　　　B. 民主集中制　　　　C. 依法依规办事
D. 德才兼备、以德为先，五湖四海、任人唯贤
E. 公道正派、注重实绩、群众公认
F. 事业为上、人岗相适、人事相宜

参考答案：ABCDEF

29. 党政领导干部应当具有共产主义远大理想和中国特色社会主义坚定信念，坚定（　　）、（　　）、（　　）、（　　），坚决贯彻执行党的理论和路线方针政策，立志改革开放，献身现代化事业，在社会主义建设中艰苦创业，树立正确政绩观，做出经得起实践、人民、历史检验的实绩。

  A．道路自信   B．理论自信   C．制度自信

  D．政治自信   E．文化自信

参考答案：ABCE

30. 破格提拔的特别优秀干部，应当政治过硬、德才素质突出、群众公认度高，且符合下列条件之一（　　）。

  A．在关键时刻或者承担急难险重任务中经受住考验、表现突出、作出重大贡献

  B．在其他岗位上尽职尽责，工作实绩特别显著

  C．在条件艰苦、环境复杂、基础差的地区或者单位工作实绩突出

  D．在年度考核中，连续五年被评为优秀等次

参考答案：ABC

31. 因工作特殊需要破格提拔的干部，应当符合下列情形之一（　　）。

  A 领导班子结构需要或者领导职位有特殊要求的

  B．专业性较强的岗位或者重要专项工作急需的

  C．在其他岗位上尽职尽责，工作实绩特别显著的

  D．艰苦边远地区、贫困地区急需引进的

参考答案：ABD

32. 有下列情形之一的，不得列为领导干部选拔任用考察对象（　　）。

  A．违反政治纪律和政治规矩的

  B．群众公认度不高的

  C．上一年年度考核结果为称职以下等次的

  D．有跑官、拉票等非组织行为的

  E．受到诫勉、组织处理或者党纪政务处分等影响期未满或者期满影响使用的

参考答案：ABDE

33. 深入考察道德品行，加强对工作时间之外表现的考察，注重了解

（ ）等方面的情况。

    A．社会公德   B．职业道德

    C．家庭美德   D．个人品德

参考答案：ABCD

34．加强作风考察，深入了解为民服务、求真务实、勤勉敬业、敢于担当、奋发有为，遵守中央八项规定精神，反对（ ）等情况。

    A．形式主义   B．官僚主义

    C．享乐主义   D．奢靡之风

参考答案：ABCD

35．强化廉政情况考察，深入了解遵守廉洁自律有关规定，保持高尚情操和健康情趣，（ ）、（ ）、（ ）、（ ），严格要求亲属和身边工作人员等情况。

    A．慎独慎微   B．秉公用权   C．清正廉洁

    D．坚守底线   E．不谋私利

参考答案：ABCE

36．考察党政领导职务拟任人选，必须形成书面考察材料，建立考察文书档案。已经任职的，考察材料归入本人干部人事档案。考察材料必须写实，评判应当（ ）、（ ）、（ ），用具体事例反映考察对象的情况。

    A．全面   B．准确

    C．客观   D．真实

参考答案：ABC

37．党政领导干部交流的对象主要是（ ）。

    A．因工作需要交流的

    B．需要通过交流锻炼提高领导能力的

    C．因个人表现突出允许交流的

    D．在一个地方或者部门工作时间较长的

参考答案：ABD

38．加强干部选拔任用工作全程监督，严格执行干部选拔任用全程纪实和任前事项报告、"一报告两评议"、（ ）等制度。

    A．专项检查   B．离任检查

　　C．立项督查　　　　　　　　D．"带病提拔"问题倒查

参考答案：ABCD

39．凡用人失察失误造成严重后果的，本地区本部门用人上的不正之风严重、干部群众反映强烈以及对违反组织（人事）纪律的行为查处不力的，应当根据具体情况，严肃追究（　　）的责任。

　　A．纪检监察机关有关领导成员

　　B．党委（党组）及其主要领导成员、有关领导成员

　　C．组织（人事）部门有关领导成员

　　D．其他直接责任人

参考答案：ABCD

40．民主生活会的基本内容（　　）。

　　A．贯彻执行党的路线方针政策和决议的情况

　　B．加强领导班子自身建设，实行民主集中制的情况

　　C．艰苦奋斗，清正廉洁，遵纪守法的情况

　　D．坚持群众路线，改进领导作风，深入调查研究，密切联系群众的情况

　　E．其他重要问题

参考答案：ABCDE

41．"学习兴税"平台定期测试包括以下哪几种类型？（　　）

　　A．党建知识测试　　　　　　B．税务公共知识测试

　　C．工作技能测试　　　　　　D．业务条线知识测试

参考答案：ABD

42．"学习兴税"平台账号包括（　　）和（　　）用户账号和管理员账号。

　　A．用户账号　　　　　　　　B．后台审核账号

　　C．管理员账号　　　　　　　D．日常维护账号

参考答案：AC

43．干部教育培训评估主要内容包括以下哪些内容？（　　）

　　A．培训设计　　　　　　　　B．培训实施

　　C．培训管理　　　　　　　　D．培训效果

参考答案：ABCD

44. 组织处理工作坚持以下哪几项原则？（   ）

   A. 全面从严治党、从严管理监督干部

   B. 党委（党组）领导、分级负责

   C. 实事求是、依规依纪依法

   D. 惩前毖后、治病救人

参考答案：ABCD

45. 领军人才培养方向分为哪几类？（   ）

   A. 综合管理   B. 税收业务

   C. 税收信息化管理   D. 文秘写作

参考答案：ABC

46. "裸官"不得在以下哪些岗位任职？（   ）

   A. 党委、人大、政府、政协、纪委、法院、检察院领导成员岗位，上列机关的工作部门或者机关内设机构负责人岗位

   B. 国有独资和国有控股企业（含国有独资和国有控股金融企业）正职领导人员、事业单位主要负责人岗位，及其掌握重大商业机密或其他重大机密的领导班子成员和中层领导人员岗位

   C. 涉及军事、外交、公安、国家安全、国防科技工业、机要、组织人事等部门中的重要岗位

   D. 掌握国家安全事项，以及发展和改革、财政、金融监管等重大经济或科技安全事项等方面的工作岗位

参考答案：ABCD

47. 税务系统干部社团兼任（职）三个禁止是指？（   ）

   A. 年龄禁止超过 65 周岁

   B. 禁止兼任社会团体法定代表人

   C. 禁止牵头成立新的社会团体

   D. 禁止兼任境外社会团体职务

参考答案：BCD

48. 组织处理一般包括以下哪几种程序？（   ）

   A. 调查核实   B. 提出处理意见

   C. 研究决定   D. 宣布实施

参考答案：ABCD

49. 离休干部与退休干部的区别包括以下哪几种？（　　）

    A．面向的对象不同　　　　　　B．享受的待遇不同

    C．年龄的条件不同　　　　　　D．工作的年限不同

参考答案：ABC

50. 每次民主生活会前，党委（党组）可以采取以下哪几种方法，查找存在的突出问题？（　　）

    A．群众提　　　　　　　　　　B．自己找

    C．上级点　　　　　　　　　　D．互相帮

参考答案：ABCD

51. 民主生活会召开情况应当向（　　）或者（　　）通报。对于群众普遍关心的整改措施以适当方式公布。

    A．下级党组织　　　　　　　　B．上级党组织

    C．本单位　　　　　　　　　　D．当地地方党组织

参考答案：AC

52. 领军人才实践锻炼分为以下哪几种方式？（　　）

    A．挂职锻炼　　　　　　　　　B．基层学习

    C．专项工作　　　　　　　　　D．自选课题

参考答案：ACD

53. 领军人才挂职锻炼形式包括以下哪几种形式？（　　）

    A．上挂　　　　　　　　　　　B．下派

    C．税务总局驻各地特派办挂职　D．系统外挂职

参考答案：ABCD

54. 干部人事档案利用方式主要包括以下哪几种方式？（　　）

    A．查（借）阅　　　　　　　　B．复制

    C．摘录　　　　　　　　　　　D．编造

参考答案：ABC

55. 老干部政治待遇包括哪些？（　　）

    A．阅读文件　　　　　　　　　B．听重要报告

    C．参加某些重要会议　　　　　D．重要政治活动

参考答案：ABCD

56. 民主生活会报告的主要内容是什么？（　　）

　　A. 开展批评和自我批评的情况

　　B. 检查出来的主要问题

　　C. 整改措施

　　D. 简单交流

参考答案：ABC

57. 领导班子成员在（　　）以及（　　）的范围内进行述职述廉。

　　A. 本单位全体干部

　　B. 下一级领导班子主要负责人

　　C. 上一级领导班子主要负责人

　　D. 本单位领导班子

参考答案：AB

58. 税务系统干部社团兼任（职）条件是以下哪些？（　　）

　　A. 最多可兼任 1 个社会团体职务

　　B. 确因工作需要，且所兼任社会团体业务与原工作业务或特长相关

　　C. 兼职最多不超过两届

　　D. 兼职的任职年龄界限为 70 周岁

　　E. 须按干部管理权限审批或备案同意后方可兼职

参考答案：ABCDE

59. 述职述廉会议结束后，（　　）及（　　）部门应对收集到的意见和测评情况进行梳理分析，及时将群众意见、民主评议情况予以反馈。

　　A. 上一级人事部门　　　　　　B. 上一级纪检监察部门

　　C. 本级人事部门　　　　　　　D. 本级纪检监察部门

参考答案：AB

60. 领军人才选拔程序包括以下哪些环节？（　　）

　　A. 报名　　　　　　　　　　　B. 推荐（组织推荐、个人自荐）

　　C. 笔试　　　　　　　　　　　D. 素质和业绩评价

　　E. 面试　　　　　　　　　　　F. 考察

参考答案：ABCDEF

61. 以下哪种经商办企业的情况应当报告？（　　）
    A. 领导干部配偶　　　　　　　B. 领导干部子女及其配偶
    C. 领导干部父母　　　　　　　D. 领导干部亲戚

参考答案：AB

62. 以下哪种为所有权人或者共有人的房产情况，含有单独产权证书的车库、车位、储藏间等应当报告？（　　）
    A. 领导干部本人　　　　　　　B. 领导干部配偶
    C. 领导干部共同生活的子女　　D. 领导干部父母

参考答案：ABC

63. 以下哪种在国（境）外的存款和投资情况应当报告？（　　）
    A. 领导干部本人　　　　　　　B. 领导干部父母
    C. 领导干部配偶　　　　　　　D. 领导干部共同生活的子女

参考答案：ACD

64. 述职述廉的内容主要包括（　　）。
    A. 学习贯彻党的路线方针政策情况
    B. 执行民主集中制情况
    C. 执行干部选拔任用工作规定情况
    D. 履行岗位职责和落实党风廉政建设责任情况
    E. 遵守廉洁从政规定情况
    F. 存在的突出问题和改正措施

参考答案：ABCDEF

65. 干部人事档案工作人员和与其档案管理同在一个部门且具有以下哪几种情形，档案由干部人事档案工作人员所在单位组织人事部门另行指定专人管理？（　　）
    A. 夫妻　　　　　　　　　　　B. 直系血亲
    C. 三代以内旁系血亲　　　　　D. 近姻亲关系人员的档案

参考答案：ABCD

66. 税务干部教育培训考核的内容包括干部的哪些方面？（　　）
    A. 学习态度和表现
    B. 理论、知识、技能掌握程度

C．党性修养和作风养成情况

D．解决实际问题的能力

参考答案：ABCD

67．干部人事档案审核主要是包括（　　）。

A．审核档案内容是否真实

B．档案材料是否齐全

C．档案材料记载内容之间的关联性是否合理

D．是否有影响干部使用的情形等。

参考答案：ABCD

68．以下说法正确的是（　　）。

A．离休老干部就是新中国成立前参加革命工作，已经离职休养的老干部

B．退休老干部就是根据国家有关规定，劳动者因年老或因工、因病致残完全丧失劳动能力而退出工作岗位

C．退休干部要领取养老金、享受医疗待遇，必须参保缴费满足相应的条件

D．离休干部有生活补贴，医疗待遇上是定额报销

参考答案：ABC

69．省局专业人才库人员的选拔，一般按照以下哪些程序进行？（　　）

A．个人报名或组织推荐　　　　B．资格审查

C．选拔考试、公示　　　　　　D．确认入库

参考答案：ABCD

70．以下说法正确的是（　　）。

A．查阅干部人事档案，查阅单位如实填写干部人事档案查阅审批材料，按照程序报单位负责同志审批签字，但无需加盖公章

B．干部人事档案工作机构负责干部人事档案的建立、接收、保管、转递，档案材料的收集、鉴别、整理、归档，档案信息化等日常管理工作

C．组织人事部门应当坚持"凡提必审"、"凡进必审"、干部管理权限发生变化的"凡转必审"，及时做好干部人事档案审核工作

D. 干部人事档案审核应当在全面审核档案内容的基础上，重点审核干部的出生日期、参加工作时间、入党时间、学历学位、工作经历、干部身份、家庭主要成员及重要社会关系、专业技术职务（职称）、学术评鉴、奖惩等基本信息

参考答案：BCD

71. 以下说法正确的是（　　）。

A. 组织处理，是指党组织对违规违纪违法、失职失责失范的领导干部采取的岗位、职务、职级调整措施，包括停职检查、调整职务、责令辞职、免职、降职

B. 国家工作人员因私事出国（境），无需履行审批手续

C. 干部人事档案日常管理主要包括档案建立、接收、保管、转递、信息化、统计和保密，档案材料的收集、鉴别、整理和归档等

D. 组织人事部门应当坚持"凡提必审"、"凡进必审"、干部管理权限发生变化的"凡转必审"，及时做好干部人事档案审核工作

参考答案：ACD

72. 组织处理，是指党组织对违规违纪违法、失职失责失范的领导干部采取的岗位、职务、职级调整措施，包括以下哪几种情形？（　　）

A. 停职检查　　　　　　　　B. 调整职务

C. 责令辞职、免职、降职　　D. 批评教育

参考答案：ABC

73. 干部人事档案日常管理主要包括档案建立、接收、保管、转递、信息化、统计和保密，以及档案材料的哪些方面内容？（　　）

A. 收集　　　　　　　　　　B. 鉴别

C. 整理　　　　　　　　　　D. 归档

参考答案：ABCD

74. 以下说法正确的是（　　）。

A. 学员学习培训期间，不得留公车驻校，不得借用其他单位和个人的车辆"伴读"

B. 组织学员外出进行现场观摩、实地考察调研等活动时，不准警车

带路，不接受宴请，一律吃自助餐或便餐，不收受纪念品和土特产，不安排与学习无关的旅游和娱乐活动

C. 学员不准接受和赠送礼品、礼金、有价证券和支付凭证及土特产等，不得接待以探望为名的各种礼节性来访

D. 为了表达培训期间对教员的感谢，可以用公款宴请教员

参考答案：ABC

75. 因工作需要，可以查阅干部人事档案，包括以下哪种情形？（ ）

A. 政治审查、发展党员、党员教育、党员管理

B. 干部录用、聘用、考核、考察、任免、调配、职级晋升、教育培养、职称评聘、表彰奖励、工资待遇、公务员登记备案、退（离）休、社会保险、治丧等

C. 人才引进、培养、评选、推送等；干部日常管理中，熟悉了解干部，研究、发现和解决有关问题等

D. 因个人好奇，想要打探同事个人情况

参考答案：ABC

76. 以下说法错误的是（ ）。

A. 经批准到社团兼职的干部应就兼职期间的履职情况、是否取酬和报销有关工作费用等，在每年年底对所在单位党委进行口头汇报

B. 税务干部因故未按规定参加教育培训或者未达到教育培训要求的，可以在说明情况后申请不参加教育培训

C. 培训学员在校期间及结（毕）业以后，一律不准以同学名义搞"小圈子"

D. 领导干部本人的津贴、补贴无需报告

参考答案：ABD

77. 离休干部有生活补贴，医疗待遇上不属于以下哪几种？（ ）

A. 据实报销　　　　　　　　B. 定额报销

C. 结算报销　　　　　　　　D. 实报实销

参考答案：ABC

78. 以下说法正确的是（　　）。

　A. 干部人事档案工作人员应当政治坚定、坚持原则、忠于职守、甘于奉献、严守纪律。对于表现优秀的干部人事档案工作人员，应当注重培养使用

　B. 全国税务系统中长期人才队伍建设的目标是：税务人才总量显著增长，人才规模和结构与税收事业发展相适应，有利于税收事业科学发展的人才引进、培养、使用、激励等方面的制度建设取得突破性进展，人才工作体制机制趋于科学完善，税收事业科学发展与人的全面发展有机融合，人才辈出、活力迸射的生动局面充分涌现

　C. 税务干部个人参加社会化培训，费用一律由参训人员所在单位承担

　D. 同一领导班子成员，可以在同一时间段内安排因私出国（境）

参考答案：AB

79. 以下说法错误的是（　　）。

　A. 除必要的现场教学外，7日以内的培训也可以组织调研、考察、参观

　B. "学习兴税"平台党建专区由党建工作局负责，税务公共专区由教育中心会同办公厅等司局负责，司局频道由各司局负责

　C. 严禁借培训名义安排公款旅游。严禁借培训名义组织会餐或安排宴请。严禁组织高消费娱乐健身活动。严禁使用培训费购置计算机、复印机、打印机、传真机等固定资产以及开支与培训无关的其他费用。严禁在培训费中列支公务接待费、会议费。严禁套取培训费设立"小金库"

　D. 税务干部因故未按规定参加教育培训或者未达到教育培训要求的，可以在说明情况后申请不参加教育培训

参考答案：AD

80. 组织人事部门应当坚持（　　）、（　　）、干部管理权限发生变化的（　　），及时做好干部人事档案审核工作。

　A. 凡提必审　　　　　　　　　　B. 凡进必审

C. 凡转必审　　　　　　　　D. 凡阅必审

参考答案：ABC

81. "学习兴税"平台学习资源建设包括哪些环节？（　）

A. 开发　　　　　　B. 审核　　　　　　C. 发布

D. 使用　　　　　　E. 维护

参考答案：ABDE

82. 数字人事工作要探索的新模式包括（　　）。

A. 干部信息"一员式"归集

B. 绩效管理"一体化"推进

C. 税收业务"嵌入式"考核

D. 结果数据"智能化"运用

参考答案：ABCD

83. 各级税务局应依托（　）的"大三角"税收治理体系，建立健全办公厅（室）、组织人事、考核考评、内控督审和税收业务部门的联动机制，加强数字人事与内控监督的融合贯通。

A. 信息系统　　　　　　　　B. 考评机制

C. 业务应用　　　　　　　　D. 内控绩效

参考答案：ACD

三、判断

1. 机构编制工作的动议应当由党委书记决定。　　　　　　（　）

参考答案：×

【机构编制工作的动议应当由党委（党组）领导班子集体讨论决定。】

2. 对违规超职数、超规格配备领导干部，违规超编录（聘）用、调任、转任人员，挤占挪用财政资金、其他资金为超编人员安排经费，以虚报人员等方式占用编制并冒用财政资金等行为，有关机关应当依规依纪依法查处和纠正。　　　　　　　　　　　　　　　　　　　　　　（　）

参考答案：√

3. 公务员可以通过领导职务或者职级晋升。担任领导职务的公务员履行领导职责，不担任领导职务的职级公务员依据隶属关系接受领导指挥，履行职责。 （　　）

参考答案：√

4. 公务员职务与职级并行制度实施工作，由上级党委（党组）及其组织（人事）部门分级负责。 （　　）

参考答案：×

【公务员职务与职级并行制度实施工作，由各级党委（党组）及其组织（人事）部门分级负责。】

5. 综合管理类公务员职级序列分为：一级巡视巡察员、二级巡视巡察员、一级调研员、二级调研员、三级调研员、四级调研员、一级主任科员、二级主任科员、三级主任科员、四级主任科员、一级科员、二级科员、三级科员。 （　　）

参考答案：×

【综合管理类公务员职级序列分为：一级巡视巡察员、二级巡视巡察员、一级调研员、二级调研员、三级调研员、四级调研员、一级主任科员、二级主任科员、三级主任科员、四级主任科员、一级科员、二级科员。】

6. 职级职数按照各类别公务员行政编制数量的一定比例核定。 （　　）

参考答案：√

7. 对公务员、公务员集体的奖励分为：优秀、记三等功、记二等功、记一等功、授予称号。 （　　）

参考答案：×

【对公务员、公务员集体的奖励分为：嘉奖、记三等功、记二等功、记一等功、授予称号】

8. 给予记二等功、记一等功和授予"人民满意的公务员""人民满意的公务员集体"荣誉称号，一般每10年评选一次。 （　　）

参考答案：×

【给予记二等功、记一等功和授予"人民满意的公务员""人民满意的公务员集体"荣誉称号，一般每5年评选一次。】

9. 行政机关公务员受处分的期间为：警告，3个月；记过，12个月；记

大过，18 个月；降级、撤职，24 个月。 （ ）

参考答案：×

【行政机关公务员受处分的期间为：警告，6 个月；记过，12 个月；记大过，18 个月；降级、撤职，24 个月。】

10. 行政机关公务员受开除以外的处分，在受处分期间有悔改表现，处分期满后，应当解除处分。 （ ）

参考答案：×

【行政机关公务员受开除以外的处分，在受处分期间有悔改表现，并且没有再发生违法违纪行为的，处分期满后，应当解除处分。】

11. 公务员实行国家统一规定的工资制度。 （ ）

参考答案：√

12. 国家公务员达到国家规定的退休年龄或完全丧失工作能力的，必须退休。 （ ）

参考答案：×

【国家公务员达到国家规定的退休年龄或完全丧失工作能力的，应当退休。】

13. 公务员不因申请复核、提出申诉而被加重处理。 （ ）

参考答案：√

14. 公务员提出申诉和再申诉，应当提交申诉书，同时提交原人事处理决定、复核决定或者申诉处理决定等材料的原件。 （ ）

参考答案：×

【公务员提出申诉和再申诉，应当提交申诉书，同时提交原人事处理决定、复核决定或者申诉处理决定等材料的复印件。】

15. 对拟进入机关的人员和拟晋升、转任等的人员，应当依据本规定加强事前提醒、严格审查把关，根据需要提前调整，避免形成回避关系。对因婚姻、职位变化等新形成的回避关系，应当及时予以调整。 （ ）

参考答案：√

16. 党政领导干部在年度考核中被确定为不称职的，因工作能力较弱、受到组织处理或者其他原因不适宜担任现职务层次的，应当降职使用。降职使用的干部，其待遇按照原有职务职级的标准执行。 （ ）

参考答案：×

【党政领导干部在年度考核中被确定为不称职的，因工作能力较弱、受到组织处理或者其他原因不适宜担任现职务层次的，应当降职使用。降职使用的干部，其待遇按照新任职务职级的标准执行。】

17. 考察地方党政领导班子成员，应当把经济建设、政治建设、文化建设、社会建设、生态文明建设和党的建设等情况作为考察评价的重要内容。（　　）

参考答案：√

18. 选拔任用党政领导干部，不准超职数配备、超机构规格提拔领导干部、超审批权限设置机构配备干部，或者违反规定擅自设置职务名称、提高干部职务职级待遇。（　　）

参考答案：√

19. 民主生活会，是指领导干部召开的旨在开展批评与自我批评的组织活动制度。（　　）

参考答案：×

【民主生活会，是指党员领导干部召开的旨在开展批评与自我批评的组织活动制度。】

20. 在民主生活会前，要在一定范围内通报会议的时间和主题，听取群众意见，对群众提出的意见，要"原汁原味"地由主管领导如实反馈给本人，并向上级报告。（　　）

参考答案：×

【在民主生活会前，要在一定范围内通报会议的时间和主题，听取群众意见，对群众提出的意见，要"原汁原味"地由党委（党组）主要负责人如实反馈给本人，并向上级报告。】

21. 党政领导干部选拔任用研判和动议时，根据工作需要和实际情况，如确有必要，也可以把公开选拔、领导任用作为产生人选的一种方式。（　　）

参考答案：×

【党政领导干部选拔任用研判和动议时，根据工作需要和实际情况，如确有必要，也可以把公开选拔、竞争上岗作为产生人选的一种方式。】

22. "学习兴税"平台是集学习、培训、测试、评价、应用于一体的网络学习培训平台是推进税务干部教育培训数字化的重要载体，是"学习强

国"平台在税务系统的部门化拓展。 （ ）

参考答案：√

23. 除必要的现场教学外，7日以内的培训也可以组织调研、考察、参观。
（ ）

参考答案：×

【除必要的现场教学外，7日以内的培训不得组织调研、考察、参观。】

24. "学习兴税"平台党建专区由党建工作局负责，税务公共专区由教育中心会同办公厅等司局负责，司局频道由各司局负责。 （ ）

参考答案：√

25. 严禁借培训名义安排公款旅游。严禁借培训名义组织会餐或安排宴请。严禁组织高消费娱乐健身活动。严禁使用培训费购置计算机、复印机、打印机、传真机等固定资产以及开支与培训无关的其他费用。严禁在培训费中列支公务接待费、会议费。严禁套取培训费设立"小金库"。 （ ）

参考答案：√

26. 税务干部因故未按规定参加教育培训或者未达到教育培训要求的，可以在说明情况后申请不参加教育培训。 （ ）

参考答案：×

【税务干部因故未按规定参加教育培训或者未达到教育培训要求的，应当及时补训。】

27. 学员在校期间及结（毕）业以后，一律不准以同学名义搞"小圈子"。 （ ）

参考答案：√

28. 系统管理员负责本级用户账号审核和基础信息更新。人员调动时，用户账号调整申请由调入单位发起，报本级税务局教育培训主管部门办理，跨区域人员调动报上级税务局教育培训主管部门办理。 （ ）

参考答案：√

29. 领导干部本人的津贴、补贴无需报告。 （ ）

参考答案：×

【领导干部本人的工资及各类奖金、津贴、补贴等应当报告。】

30. 领导干部在推进改革中因缺乏经验、先行先试出现失误，尚无明确限制的探索性试验中出现失误，为推动发展出现无意过失，后果影响不是特别严重的，以及已经履职尽责，但因不可抗力、难以预见等因素造成损失的，可以不予或者免予组织处理。　　　　　　　　　　　　（　）

参考答案：√

31．经批准到社团兼职的干部应就兼职期间的履职情况、是否取酬和报销有关工作费用等，在每年年底对所在单位党委进行口头汇报。（　）

参考答案：×

【经批准到社团兼职的干部应就兼职期间的履职情况、是否取酬和报销有关工作费用等，在每年年底以书面形式向所在单位党委报告。】

32．干部人事档案工作人员应当政治坚定、坚持原则、忠于职守、甘于奉献、严守纪律。对于表现优秀的干部人事档案工作人员，应当注重培养使用。　　　　　　　　　　　　　　　　　　　　　　　（　）

参考答案：√

33．全国税务系统中长期人才队伍建设的目标是：税务人才总量显著增长，人才规模和结构与税收事业发展相适应，有利于税收事业科学发展的人才引进、培养、使用、激励等方面的制度建设取得突破性进展，人才工作体制机制趋于科学完善，税收事业科学发展与人的全面发展有机融合，人才辈出、活力迸射的生动局面充分涌现。　　　　　　　　　　（　）

参考答案：√

34．税务干部个人参加社会化培训，费用一律由参训人员所在单位承担。　　　　　　　　　　　　　　　　　　　　　　　　　　（　）

参考答案：×

【税务干部个人参加社会化培训，费用一律由本人承担。】

35．同一领导班子成员，可以在同一时间段内安排因私出国（境）。　　　　　　　　　　　　　　　　　　　　　　　　　　　（　）

参考答案：×

【同一领导班子成员不得在同一时间段内安排因私出国（境）。】

36．税务总局教育中心负责"学习兴税"平台的制度建设，统筹、指导、协调各单位应用"学习兴税"平台。　　　　　　　　　　　（　）

参考答案：√

37. 培训学员之间为了进行学习交流，可以互相旅游。　　　（　）

参考答案：×

【学员之间不准以学习交流、对口走访、交叉考察、集体调研等名义互相旅游。】

38. 省局专业人才库管理，围绕人才强税战略，坚持党管人才原则，注重培养专业能力、专业精神，着力打造一支适应新时代中国特色社会主义发展要求和税收工作新形势新任务的专业人才队伍，为加快实现新时代税收现代化提供人才保障。　　　（　）

参考答案：√

39. 干部人事档案可以外借，无需审批手续，只要保证能还回来即可。　　　（　）

参考答案：×

【干部人事档案一般不予外借，确因工作需要借阅的，借阅单位应当履行审批手续，在规定时限内归还，归还时干部人事档案工作机构应当认真核对档案材料。】

40. 由于兼职地和所在地距离很远，可以领取相应的交通费和通讯费。

（　）

参考答案：×

【兼职不得领取报酬（包括薪酬、奖金、津贴、通讯费、交通费、"补差"或是"审稿费"等其他额外利益及各种补助），不能以任何理由和借款领取福利或其他费用。】

41. 按规定经批准到企业任职的党政领导干部，应当及时将行政、工资等关系转入企业，不再保留公务员身份，不再保留党政机关的各种待遇。不得将行政、工资等关系转回党政机关办理退（离）休；在企业办理退（离）休手续后，也不得将行政、工资等关系转回党政机关。　　　（　）

参考答案：√

42. 税务总局各司局负责"学习兴税"平台本司局主管频道和专区学习资源建设管理，组织本条线开展学习培训测试等活动。　　　（　）

参考答案：√

43. 在培训过程中，应当按照干部级别来确定学员级别。

参考答案：×

【无论什么级别的干部参加学习培训都是普通学员。】

44. 在培训过程中，学员可以请他人帮忙代写学习笔记。 （ ）

参考答案：×

【学员必须自己动手撰写发言材料、学习体会、调研报告和论文等，不准请人代写，不准抄袭他人学习研究成果，不准秘书等工作人员"陪读"。】

45. 为了增强培训期间的学员凝聚力，班级、小组可以以集体活动为名聚餐吃请。 （ ）

参考答案：×

【班级、小组不得以集体活动为名聚餐吃请。】

46. 干部人事档案主要内容和分类包括十类：履历类材料，自传和思想类材料，考核鉴定类材料，学历学位、专业技术职务（职称）、学术评鉴和教育培训类材料，政审、审计和审核类材料，党、团类材料，表彰奖励类材料，违规违纪违法处理处分类材料，工资、任免、出国和会议代表类材料，其他可供组织参考的材料。 （ ）

参考答案：√

47. 干部在校学习期间，要住在学员宿舍，吃在学员食堂。 （ ）

参考答案：√

48. 为了表达培训期间对教员的感谢，可以用公款宴请教员。 （ ）

参考答案：×

【学员之间、教员和学员之间不得用公款相互宴请。】

49. 学员不得外出参加任何形式的可能影响公正执行公务的宴请和娱乐活动。 （ ）

参考答案：√

50. 组织学员外出进行现场观摩、实地考察调研等活动时，不准警车带路，不接受宴请，一律吃自助餐或便餐，不收受纪念品和土特产，不安排与学习无关的旅游和娱乐活动。 （ ）

参考答案：√

51. 学员不准接受和赠送礼品、礼金、有价证券和支付凭证及土特产等，不得接待以探望为名的各种礼节性来访。 （ ）

参考答案：√

52. 数字人事业务能力专业类别，分为综合管理、纳税服务、征收管理、税务稽查、税收宣传和信息技术等 6 类。 （ ）

参考答案：×

【数字人事业务能力专业类别，分为综合管理、纳税服务、征收管理、税务稽查和信息技术等 5 类。】

53. 数字人事业务能力级档，分为初级、中级和高级，共 10 档。其中，初级对应 1—4 档，中级对应 5—8 档，高级对应 9—10 档。 （ ）

参考答案：×

【数字人事业务能力级档，分为初级、中级和高级，共 11 档。其中，初级对应 1—5 档，中级对应 6—9 档，高级对应 10—11 档。】

54. 税务干部晋升领导职务，应具备相应的业务能力级档。税务干部晋升职级，原则上应具备相应的业务能力级档。 （ ）

参考答案：√

55. 各级税务局应严格执行干部管理有关保密规定，规范数字人事信息系统查询、操作权限设置，防止干部数据信息泄密。职能部门按照最小化规则赋予操作人员权限，严禁违规配置用户权限，严禁擅自修改数字人事信息系统中的数据信息，严禁违规获取、持有数字人事有关数据信息。 （ ）

参考答案：√

四、实务题

2022 年 8 月 1 日，某省税务局党委经过动议和讨论，决定在该局机关范围内选拔 5 名处级领导干部，并制定了相应的选拔任用方案。经过民主推荐、考察等程序，共有 10 人进入考察名单。根据《党政领导干部选拔任用工作条例》的相关规定，经过一系列工作程序，8 月 20 日，该局召开党委会议，讨论决定了干部任职事项。9 月 2 日，在履行了相应的审批备案程序后，对 5 名拟任人选进行了任前公示。公示结束后，制发了任职文件，文件的成文日期为 9 月 15 日。

1. 该局开展处级领导干部选拔工作的基本流程是（ ）。

A. 动议—民主推荐—考察—讨论决定—任职

B. 动议—考察—民主推荐—讨论决定—任职

C. 民主推荐—动议—考察—讨论决定—任职

D. 动议—民主推荐—讨论决定—考察—任职

参考答案：A

【根据《党政领导干部选拔任用工作条例》，领导干部选拔任用的基本流程是动议——民主推荐——考察——讨论决定——任职。】

2. 关于民主推荐，下列说法正确的是（　　）。

A. 民主推荐是指会议推荐

B. 民主推荐的结果是选拔任用的重要参考，在2年内有效

C. 民主推荐是领导干部选拔任用的可选程序

D. 民主推荐包括会议推荐和个别谈话推荐

参考答案：D

【选拔任用党政领导干部，必须经过民主推荐。民主推荐包括会议推荐和个别谈话推荐，推荐结果作为选拔任用的重要参考，在1年内有效。】

3. 关于考察对象的确定，不符合《党政领导干部选拔任用工作条例》的是（　　）。

A. 刘某因配偶和子女已移居国外，未被列入考察对象

B. 党委会上，人事部门汇报民主推荐情况后，党委按照推荐票数从多到少的原则直接确定考察对象

C. 党委综合考虑民主推荐与平时考核、年度考核、一贯表现和人岗相适等情况，研究确定考察对象

D. 确定的考察对象多于拟任职务人数

参考答案：B

【《党政领导干部选拔任用工作条例》规定，确定考察对象，应当根据工作需要和干部德才条件，将民主推荐与平时考核、年度考核、一贯表现和人岗相适等情况综合考虑，充分酝酿，防止把推荐票等同于选举票、简单以推荐票取人。】

4. 陈某系该局此次新提任的财务处副处长。按照规定，他的任职时间是（　　）。

A. 2022年8月1日　　　　　　B. 2022年8月20日

C. 2022年9月2日　　　　　　D. 2022年9月15日

参考答案：B

【由党委讨论决定任职的，任职时间自党委决定之日起计算。】

5. 在5名新提任的领导干部中，机关党委干部王某属于破格提拔情形。下列关于破格提拔的说法中，错误的是（　　）。

    A. 特别优秀或者工作特殊需要的干部，可以突破任职资格规定或者越级提拔担任领导职务

    B. 破格提拔干部必须从严掌握，不得突破党政领导干部的基本条件，且应符合有关法律规定的资格要求

    C. 在任职年限内，对特别优秀的干部可以连续破格

    D. 任职试用期未满或者提拔任职不满1年的，不得破格提拔

参考答案：C

【破格提拔干部必须从严掌握，不得在任职年限内连续破格。】

第三章　党务管理

必 知 考 试 大 纲

必懂复习策略

　　本章为基础章节，考生对其中的知识点有基本了解即可。

　　本章的复习重点为党员管理和党组织管理。

　　在党员管理部分，考生需了解发展党员工作相关内容，熟悉党籍管理、党员的学习教育管理以及不合格党员的认定和处置。

　　在党组织管理部分，考生需熟悉党组织设置及职责，党内监督要熟悉监督的主要内容、主要方式及监督责任与义务；党的组织生活要熟悉三会一课内容，熟悉民主生活会、组织生活会相关规定，民主评议党员相关规定。

　　工会工作、群团工作、妇女工作基本了解即可。

　　在分级考试中，复习重点差别不大，基本区别在于了解、熟悉和掌握，考生根据情况进行备考，注重在实际工作中的运用。

必会核心知识

■ 对基层党组织书记的教育培训，重点开展党的创新理论、党建工作实务、群众工作、基层治理等教育培训，努力建设一支守信念、讲奉献、有本领、重品行的基层党组织带头人队伍。

■ 对新党员的教育培训，重点开展党的基本知识、党性党风党纪、党的优良传统等教育培训，强化思想入党，提升他们的政治觉悟和理论素养。

■ 对青年党员的教育培训，要进行系统理论教育和严格党性锻炼，引导他们传承红色基因、培养奋斗精神、练就过硬本领。

■ 对老年党员的教育培训，重点开展党的创新理论、形势政策等教育培训，引导他们保持革命本色、发挥传帮带作用。

■ 对流动党员的教育培训，重点开展党员意识、组织观念、纪律规矩等教育培训，引导他们主动接受党组织的教育管理，自觉参加组织生活，充分发挥作用。

■ 党组（党委）必须坚持党建工作与业务工作同谋划、同部署、同推进、同考核，加强对本单位党的建设的领导，落实新时代党的建设总要求，履行全面从严治党责任，提高党的建设质量。

■ 党委（党组）书记应当履行本地区本单位全面从严治党第一责任人职责，做到重要工作亲自部署、重大问题亲自过问、重点环节亲自协调、重要案件亲自督办；管好班子、带好队伍、抓好落实，支持、指导和督促领导班子其他成员、下级党委（党组）书记履行全面从严治党责任，发现问题及时提醒纠正。

■ 党的建设工作领导小组是党委抓全面从严治党的议事协调机构，应当加强对本地区党的建设工作的指导，定期听取工作汇报，及时研究解决重大问题。

■ 党的纪律检查机关在履行全面从严治党监督责任同时，应当通过重大事项请示报告、提出意见建议、监督推动党委（党组）决策落实等方式，协助党委（党组）落实全面从严治党主体责任。

■ 党委办公厅（室）、职能部门、办事机构等是党委抓全面从严治党的具体执行机关，应当在党委统一领导下充分发挥职能作用，在职责范围内抓好全面从严治党相关工作。

■ 党委（党组）每半年应当至少召开 1 次常委会会议（党组会议）专题研究全面从严治党工作，分析研判形势，研究解决瓶颈和短板，提出加强和改进的措施。

■ 本地区本单位发生重大违纪违法案件、严重"四风"问题，党委（党组）应当及时召开专题民主生活会，认真对照检查，深刻剖析反思，明确整改责任。

■ 党组（党委）每年年初应当向批准其设立的党组织书面报告上一年度落实全面从严治党主体责任情况。

■ 党组织收到入党申请书后，应当在一个月内派人同入党申请人谈话，了解基本情况。

■ 党员享有的党章规定的各项权利必须受到尊重和保护，党的任何一级组织、任何党员都无权剥夺。预备党员除了没有表决权、选举权和被选举权以外，享有同正式党员一样的权利。党员行使权利时不得侵犯其他党员的权利。

■ 党员有党内建议和倡议权，有权以口头或者书面方式对本人所在党组织、上级党组织直至中央的各方面工作提出建议和倡议，有权按照规定在干部选拔任用中推荐优秀干部，在党组织巡视巡察、检查督查中对党的工作提出建议。

■ 党员有党内监督权，有权在党的会议上以口头或者书面方式有根据地批评党的任何组织和任何党员，揭露、要求纠正工作中存在的缺点和问题，在民主评议中指出领导干部和其他党员的缺点错误；有权向党组织反映对本人所在党组织、领导干部、其他党员的意见。党员以书面方式提出的批评意见应当按照规定送被批评者或者有关党组织。

■ 党员发展对象应当有两名正式党员作入党介绍人。入党介绍人一般由培养联系人担任，也可由党组织指定。

■ 受留党察看处分、尚未恢复党员权利的党员，不能作入党介绍人。

■ 基层党委或县级党委组织部门应当对发展对象进行短期集中培训。培训时间一般不少于三天（或不少于二十四个学时）。

■ 基层党组织对发展对象培训时主要学习《中国共产党章程》《关于新形势下党内政治生活的若干准则》等文件。中央组织部组织编写的《入党教材》，可以作为学习辅导材料。未经培训的，除个别特殊情况外，不能发展入党。

■ 党组织必须对发展对象进行政治审查。

■ 政治审查的主要内容是：对党的理论和路线、方针、政策的态度；政治历史和在重大政治斗争中的表现；遵纪守法和遵守社会公德情况；直系亲属和与本人关系密切的主要社会关系的政治情况。

■ 凡是未经政治审查或政治审查不合格的发展对象，不能发展入党。

■ 党员发展对象未来 3 个月内将离开工作、学习单位的，一般不办理接收预备党员的手续。

■ 召开讨论接收预备党员的支部大会，有表决权的到会人数必须超过应到会有表决权人数的半数。

■ 机关党的基层委员会审批预备党员或者预备党员转正，应当提前报党组（党委）讨论决定。

■ 党总支不能审批预备党员，但应当对支部大会通过接收的预备党员进行审议。

■ 党委对党支部上报的接收预备党员的决议，应当在三个月内审批，并报上级党委组织部门备案。如遇特殊情况可适当延长审批时间，但不得超过六个月。

■ 党委会审批两个以上的发展对象入党时，应当逐个审议和表决。

■ 党委对党支部上报的预备党员转正的决议，应当在三个月内审批。审批结果应当及时通知党支部。党支部书记应当同本人谈话，并将审批结果在党员大会上宣布。

■ 党的总支部委员会、支部委员会委员的产生，由上届委员会根据多数党员的意见提出人选，报上级党组织审查同意后，组织党员酝酿确定候选人，在党员大会上进行选举。

■ 如需延期或者提前进行换届选举，应当报上级党组织批准。延长或者提前期限一般不超过 1 年。

■ 党费使用原则：统筹安排、量入为出、收支平衡、略有结余。

■ 党费的具体使用范围包括：培训党员；订阅或购买用于开展党员教育的报刊、资料、音像制品和设备；表彰先进基层党组织、优秀共产党员和优秀党务工作者；补助生活困难的党员；补助遭受严重自然灾害的党员和修缮因灾受损的基层党员教育设施。

■ 党支部应当每年向党员公布 1 次党费收缴情况。

■ 根据中央组织部《关于进一步加强党员组织关系管理的意见》规定，党员组织关系的凭证有三种，即中国共产党党员组织关系介绍信、中国共产党党员证明信和中国共产党流动党员活动证。

■ 党员外出地点或工作单位相对固定，外出时间 6 个月以上的，一般应当开具中国共产党党员组织关系介绍信；外出时间 6 个月及 6 个月以内的，一般应当开具中国共产党党员证明信。外出地点、时间不确定的，一般应当持有中国共产党流动党员活动证。短期外出开会、参观、学习、实习、考察等，时间在 3 个月及 3 个月以内，无需证明党员身份的，可不开具党员组织关系凭证。

■ 党的基层组织设立的委员会一般由党员大会选举产生。党员人数在 500 名以上或者所辖党组织驻地分散的，经上级党组织批准，可以召开党员代表大会进行选举。

■ 党员代表大会的代表应当自觉增强"四个意识"、坚定"四个自信"、做到"两个维护"，遵守党章党规党纪和法律法规，具有履行职责的能力，能反映本选举单位的意见，代表党员的意志。代表的名额一般为 100 名至 200 名，最多不超过 300 名。代表候选人的差额不少于应选人数的 20%。

■ 党的基层组织设立的委员会委员候选人，按照德才兼备、以德为先和班子结构合理的原则提名。委员候选人的差额不少于应选人数的 20%。

■ 坚持把政治标准放在首位，按照控制总量、优化结构、提高质量、发挥作用的总要求和有关规定发展党员，严格发展程序，严肃工作纪律。

■ 机关党的基层委员会应当设立机关党的纪律检查委员会。机关党的纪律检查委员会书记由机关党的基层委员会副书记担任。机关党的总支部委员会和支部委员会设立纪律检查委员。

■ 机关党的基层委员会（含不设党的基层委员会的总支部委员会、支部委员会）的设置调整、换届、委员会组成以及机关党的纪律委员会的组成，书记、副书记的任免等，经党组（党委）讨论决定后，报党的机关工作委员会批准。

■ 党支部是党的基础组织，是党组织开展工作的基本单元，是党在社会基层组织中的战斗堡垒，是党的全部工作和战斗力的基础，担负直接教育党员、管理党员、监督党员和组织群众、宣传群众、凝聚群众、服务群众的职责。

■ 党员每年参加集中培训和集体学习时间一般不少于32学时，基层党组织书记和班子成员每年参加集中培训和集体学习时间不少于56学时、至少参加1次集中培训。党员领导干部除执行干部教育培训有关规定外，要带头参加所在单位的党员教育培训。

■ 正式党员不足3人的单位，应当按照地域相邻、行业相近、规模适当、便于管理的原则，成立联合党支部。联合党支部覆盖单位一般不超过5个。

■ 党支部应该严格执行党的组织生活制度，经常、认真、严肃地开展批评和自我批评，增强党内政治生活的政治性、时代性、原则性、战斗性。

■ 对经过一年以上培养教育和考察、基本具备党员条件的入党积极分子，在听取党小组、培养联系人、党员和群众意见的基础上，支部委员会讨论同意并报上级党委备案后，可列为发展对象。

■ 在入党申请人中确定入党积极分子，应当采取党员推荐、群团组织推优等方式产生人选，由支部委员会（不设支部委员会的由支部大会，下同）研究决定，并报上级党委备案。

■ 对因私出国并在国外长期定居的党员，出国学习研究超过5年仍未返回的党员，一般予以停止党籍。

■ 对与党组织失去联系6个月以上、通过各种方式查找仍然没有取得联系的党员，予以停止党籍。停止党籍的决定由所在党支部或者上级党组织按照有关规定作出。停止党籍2年后确实无法取得联系的，按照自行脱党予以除名。

■ 税务机关工会各级组织按照民主集中制原则建立。工会委员会由会员大会或者会员代表大会民主选举产生，选举结果报上一级工会批准。

■ 税务机关应当依法建立工会组织。有会员25人以上的，应当建立机关工会委员会；不足25人的，可以单独建立机关工会委员会，也可以由两个以上单位的会员联合建立机关工会委员会，也可以选举组织员一人，组织会员开展活动。女职工人数10人以上的，建立工会女职工委员会；不足10人的，设女职工委员。

■ 税务机关工会委员会每届任期三年或者五年。

■ 税务机关工会会员按规定标准按月缴纳会费。建立工会组织的机关，按每月全部职工工资总额的2%向工会拨缴经费；由财政划拨经费的，工会经费列入同级财政预算，按财政统一划拨方式执行。

■ 工会主席任期届满或者任期内离任的，应当按照规定进行经济责任审计。

■ 税务机关工会应当根据经费独立原则，建立预算、决算和经费审查监督制度。

■ 税务机关工会经费收支情况应当由同级工会经费审查委员会审查，并且定期向会员大会或者会员代表大会报告，接受监督。工会会员大会或者会员代表大会有权对经费使用情况提出意见。

■ 共青团以组织青年、服务青年、引导青年为基本职责。

■ 共青团的两大作用是：带领青年在经济建设中发挥生力军和突击队作用；充分发挥党联系青年的桥梁和纽带作用。

■ 共青团的"三个根本性问题"：一是必须把培养社会主义建设者和接班人作为根本任务；二是把巩固和扩大党执政的青年群众基础作为政治责任；三是把围绕中心、服务大局作为工作主线。

■ 做好对要求入党的青年积极分子的培养教育，及时地把那些具备党员条件的先进青年吸收到党内来，是加强党的自身建设，提高党的战斗力的需要，是培养跨世纪的社会主义事业接班人，坚持党的基本路线一百年不动摇的需要，是保证党的事业后继有人、兴旺发达的需要。

■ 妇联工作以"双学双比""巾帼建功""五好文明家庭"创建为主体活动。

■ 妇联干部要具有把握大局的能力、创新能力、服务能力、协调能力、调研能力。

必 考 点 检 测 训 练

一、单项选择

1. 对新党员要重点开展的教育培训不包括（　　）。

A. 党的基本知识

B. 党性党风党纪

C. 党的优良传统

D. 基层服务准则

参考答案：D

2. 对（　　）的教育培训，要进行系统理论教育和严格党性锻炼，引导他们传承红色基因、培养奋斗精神、练就过硬本领。

A. 青年党员

B. 老年党员

C. 新党员

D. 共青团员

参考答案：A

3. 对（　　）的教育培训，要重点开展党的创新理论、形势政策等教育培训，引导他们保持革命本色、发挥传帮带作用。

A. 青年党员

B. 老年党员

C. 新党员

D. 共青团员

参考答案：B

4. 党组织收到入党申请书后，应当在（　　）内派人同入党申请人谈话，了解基本情况。

A. 1个月

B. 2个月

C. 六个月

D. 一年内

参考答案：A

5. 党委（党组）每半年应当至少召开（　　）次常委会会议（党组会议）专题研究全面从严治党工作，分析研判形势，研究解决瓶颈和短板，提出加强和改进的措施。

A. 1　　　　　B. 2　　　　　C. 3　　　　　D. 4

参考答案：A

6. 本地区本单位发生重大违纪违法案件、严重"四风"问题，党委（党组）应当及时召开（　　），认真对照检查，深刻剖析反思，明确整改责任。

A. 组织生活会   B. 党委会

C. 专题民主生活会   D. 纪检监察会

参考答案：C

7. 党员有（　　），有权在党的会议上以口头或者书面方式有根据地批评党的任何组织和任何党员，揭露、要求纠正工作中存在的缺点和问题，在民主评议中指出领导干部和其他党员的缺点错误；有权向党组织反映对本人所在党组织、领导干部、其他党员的意见。党员以书面方式提出的批评意见应当按照规定送被批评者或者有关党组织。

A. 倡议权   B. 知情权

C. 党内监督权   D. 党内评议权

参考答案：C

8. 党员发展对象应当有（　　）正式党员作入党介绍人。入党介绍人一般由培养联系人担任，也可由党组织指定。

A. 一名   B. 两名   C. 三名   D. 五名

参考答案：B

9. 基层党委或县级党委组织部门应当对发展对象进行短期集中培训。培训时间一般不少于（　　）。

A. 一天（或12个学时）   B. 三天（或24个学时）

C. 五天（或48个学时）   D. 十天

参考答案：B

10. 党组织必须对发展对象进行（　　）审查。

A. 经济   B. 政治   C. 行政   D. 纪律

参考答案：B

11. 党员发展对象未来（　　）内将离开工作、学习单位的，一般不办理接收预备党员的手续。

A. 1个月   B. 2个月   C. 3个月   D. 半年

参考答案：C

12. 召开讨论接收预备党员的支部大会，有表决权的到会人数必须超过应到会有表决权人数的（　　）。

  A. 30%   B. 半数   C. 60%   D. 80%

                 参考答案：B

  13. 机关党的基层委员会审批预备党员或者预备党员转正，应当提前报（　　）讨论决定。

  A. 纪检部门   B. 党组（党委）

  C. 人事部门   D. 机关党办

                 参考答案：B

  14. 党委对党支部上报的接收预备党员的决议，应当在三个月内审批，并报上级党委组织部门备案。如遇特殊情况可适当延长审批时间，但不得超过（　　）个月。

  A. 五   B. 六   C. 八   D. 九

                 参考答案：B

  15. 党委会审批（　　）以上的发展对象入党时，应当逐个审议和表决。

  A. 一个   B. 两个   C. 三个   D. 五个

                 参考答案：B

  16. 党委对党支部上报的预备党员转正的决议，应当在（　　）内审批。审批结果应当及时通知党支部。党支部书记应当同本人谈话，并将审批结果在党员大会上宣布。

  A. 一个月   B. 三个月   C. 五个月   D. 半年

                 参考答案：B

  17. 党的总支部委员会、支部委员会委员的产生，由（　　）根据多数党员的意见提出人选，报上级党组织审查同意后，组织党员酝酿确定候选人，在党员大会上进行选举。

  A. 本届委员会   B. 上届委员会

  C. 党委会   D. 组织委员会

                 参考答案：B

  18. 如需延期或者提前进行换届选举，应当报上级党组织批准。延长或者提前期限一般不超过（　　）。

  A. 三个月   B. 半年   C. 1 年   D. 18 个月

                 参考答案：C

19. 党支部应当（ ）向党员公布 1 次党费收缴情况。

A. 每月　　　　B. 每季度　　　C. 每半年　　　D. 每年

参考答案：D

20. 党的基层组织设立的委员会一般由党员大会选举产生。党员人数在（ ）名以上或者所辖党组织驻地分散的，经上级党组织批准，可以召开党员代表大会进行选举。

A. 200　　　　　B. 300　　　　　C. 500　　　　　D. 600

参考答案：C

21. 党员代表大会的代表应当自觉增强"四个意识"、坚定"四个自信"、做到"两个维护"，遵守党章党规党纪和法律法规，具有履行职责的能力，能反映本选举单位的意见，代表党员的意志。代表的名额一般为 100 名至 200 名，最多不超过 300 名。代表候选人的差额不少于应选人数的（ ）。

A. 10%　　　　B. 20%　　　　C. 30%　　　　D. 40%

参考答案：B

22. 党员每年参加集中培训和集体学习时间一般不少于 32 学时，基层党组织书记和班子成员每年参加集中培训和集体学习时间不少于 56 学时、至少参加（ ）集中培训。党员领导干部除执行干部教育培训有关规定外，要带头参加所在单位的党员教育培训。

A. 1 次　　　　B. 2 次　　　　C. 3 次　　　　D. 5 次

参考答案：A

23. 对经过一年以上培养教育和考察、基本具备党员条件的入党积极分子，在听取党小组、培养联系人、党员和群众意见的基础上，支部委员会讨论同意并报（ ）备案后，可列为发展对象。

A. 本级党委　　　　　　　　B. 上级党委
C. 人事部门　　　　　　　　D. 机关党委

参考答案：B

24. 对因私出国并在国外长期定居的党员，出国学习研究超过（ ）仍未返回的党员，一般予以停止党籍。

A. 2 年　　　　B. 5 年　　　　C. 6 年　　　　D. 10 年

参考答案：B

25. 对与党组织失去联系6个月以上、通过各种方式查找仍然没有取得联系的党员，予以停止党籍。停止党籍的决定由所在党支部或者上级党组织按照有关规定作出。停止党籍（ ）后确实无法取得联系的，按照自行脱党予以除名。

　　A．1年　　　　　B．2年　　　　　C．3年　　　　　D．5年

参考答案：B

26. 税务机关工会会员按规定标准按月缴纳会费。建立工会组织的机关，按每月全部职工工资总额的（ ）向工会拨缴经费；由财政划拨经费的，工会经费列入同级财政预算，按财政统一划拨方式执行。

　　A．1%　　　　　B．2%　　　　　C．3%　　　　　D．5%

参考答案：B

27. 税务机关工会应当根据（ ）原则，建立预算、决算和经费审查监督制度。

　　A．经费集中管理　　　　　　B．经费独立
　　C．收支平衡　　　　　　　　D．预算收支管理

参考答案：B

28. 税务机关工会经费收支情况应当由（ ）审查，并且定期向会员大会或者会员代表大会报告，接受监督。工会会员大会或者会员代表大会有权对经费使用情况提出意见。

　　A．上级工会经费审查委员会

　　B．同级工会经费审查委员会

　　C．纪检部门

　　D．财务部门

参考答案：B

29. （ ）的两大作用是：带领青年在经济建设中发挥生力军和突击队作用；充分发挥党联系青年的桥梁和纽带作用。

　　A．团支部　　　　　　　　　B．共青团
　　C．团支部书记　　　　　　　D．团市委

参考答案：B

二、多项选择

1. 对基层党组织书记的教育培训要重点开展党的创新理论、党建工作实务、群众工作、基层治理等，努力建设一支（　　）的基层党组织带头人队伍。

A. 守信念　　　B. 讲奉献　　　C. 有本领　　　D. 重品行

参考答案：ABCD

2. 对流动党员的教育培训，重点开展（　　）等教育培训，引导他们主动接受党组织的教育管理，自觉参加组织生活，充分发挥作用。

A. 党员意识　　　　　　　　　B. 组织观念

C. 纪律规矩　　　　　　　　　D. 政治品质

参考答案：ABC

3. 党委（党组）书记应当履行本地区本单位全面从严治党第一责任人职责，做到（　　）；管好班子、带好队伍、抓好落实，支持、指导和督促领导班子其他成员、下级党委（党组）书记履行全面从严治党责任，发现问题及时提醒纠正。

A. 重要工作亲自部署　　　　　B. 重大问题亲自过问

C. 重点环节亲自协调　　　　　D. 重要案件亲自督办

参考答案：ABCD

4. 党的纪律检查机关在履行全面从严治党监督责任同时，应当通过（　　）等方式，协助党委（党组）落实全面从严治党主体责任。

A. 重大事项请示报告

B. 听取工作汇报

C. 监督推动党委（党组）决策落实

D. 提出意见建议

参考答案：ACD

5. （　　）等是党委抓全面从严治党的具体执行机关，应当在党委统一领导下充分发挥职能作用，在职责范围内抓好全面从严治党相关工作。

A 纪检监察机构　　　　　　　B. 党委办公厅（室）

C. 职能部门　　　　　　　　　D. 办事机构

参考答案：BCD

6. 党组（党委）必须坚持党建工作与业务工作（　　），加强对本单位党的建设的领导，落实新时代党的建设总要求，履行全面从严治党责任，提高党的建设质量。

A. 同谋划　　　　B. 同部署　　　　C. 同推进　　　　D. 同考核

参考答案：ABCD

7. 党员享有的党章规定的各项权利必须受到尊重和保护，党的任何一级组织、任何党员都无权剥夺。预备党员除了没有（　　），享有同正式党员一样的权利。党员行使权利时不得侵犯其他党员的权利。

A. 知情权　　　　　　　　　B. 表决权

C. 选举权　　　　　　　　　D. 被选举权

参考答案：BCD

8. 基层党组织对发展对象培训时主要学习（　　）等文件。中央组织部组织编写的《入党教材》，可以作为学习辅导材料。未经培训的，除个别特殊情况外，不能发展入党。

A. 《中国共产党章程》

B. 《关于新形势下党内政治生活的若干准则》

C. 《中国共产党纪律处分条例》

D. 《中华人民共和国行政法典》

参考答案：AB

9. 政治审查的主要内容是：对党的（　　）的态度；政治历史和在重大政治斗争中的表现；遵纪守法和遵守社会公德情况；直系亲属和与本人关系密切的主要社会关系的政治情况。

A. 路线　　　　B. 方针　　　　C. 理论　　　　D. 政策

参考答案：ABCD

10. 党费使用原则：（　　）。

A. 统筹安排　　　　　　　　B. 量入为出

C. 收支平衡　　　　　　　　D. 略有结余

参考答案：ABCD

11. 党费的具体使用范围包括：（　　）；订阅或购买用于开展党员教育的报刊、资料、音像制品和设备；补助遭受严重自然灾害的党员和修缮因灾受损的基层党员教育设施。

    A. 表彰优秀共产党员和优秀党务工作者

    B. 培训党员

    C. 表彰先进基层党组织

    D. 补助生活困难的党员

参考答案：ABCD

12. 根据中央组织部《关于进一步加强党员组织关系管理的意见》规定，党员组织关系的凭证有三种，即（　　）。

    A. 中国共产党党员入党介绍信

    B. 中国共产党党员组织关系介绍信

    C. 中国共产党党员证明信

    D. 中国共产党流动党员活动证

参考答案：BCD

13. 党的基层组织设立的委员会委员候选人，按照（　　）的原则提名。委员候选人的差额不少于应选人数的 20%。

    A. 以德为先　　　　　　　　B. 德才兼备

    C. 保证班子团结　　　　　　D. 班子结构合理

参考答案：ABD

14. 坚持把政治标准放在首位，按照（　　）的总要求和有关规定发展党员，严格发展程序，严肃工作纪律。

    A. 控制总量　　　　　　　　B. 优化结构

    C. 提高质量　　　　　　　　D. 发挥作用

参考答案：ABCD

15. 党支部是党的基础组织，是党组织开展工作的基本单元，是党在社会基层组织中的战斗堡垒，是党的全部工作和战斗力的基础，担负直接教育党员、管理党员、监督党员和（　　）的职责。

    A. 组织群众　　　　　　　　B. 宣传群众

    C. 凝聚群众　　　　　　　　D. 服务群众

参考答案：ABCD

16. 正式党员不足 3 人的单位，应当按照（　　）的原则，成立联合党支部。联合党支部覆盖单位一般不超过 5 个。

    A．地域相邻   B．行业相近

    C．规模适当   D．便于管理

参考答案：ABCD

17. 党支部应该严格执行党的组织生活制度，经常、认真、严肃地开展批评和自我批评，增强党内政治生活的（   ）。

    A．政治性   B．时代性

    C．原则性   D．战斗性

参考答案：ABCD

18. 税务机关工会各级组织按照民主集中制原则建立。工会委员会由（   ）民主选举产生，选举结果报上一级工会批准。

    A．单位群众   B．会员大会

    C．工会党代表   D．会员代表大会

参考答案：BD

19. 共青团以（   ）为基本职责。

    A．组织青年   B．服务青年

    C．管理青年   D．引导青年

参考答案：ABD

20. 妇联工作以（   ）创建为主体活动。

    A．"双学双比"   B．"巾帼建功"

    C．"五好文明家庭"   D．"社会主义核心价值观传递"

参考答案：ABC

21. 妇联干部要具有（   ）。

    A．创新能力   B．服务能力

    C．协调能力   D．调研能力

    E．把握大局的能力

参考答案：ABCDE

三、判断

1. 党组（党委）每年年末应当向批准其设立的党组织书面报告上一年度落实全面从严治党主体责任情况。　　　　　　　　　　（　）

参考答案：×

【党组（党委）每年年初应当向批准其设立的党组织书面报告上一年度落实全面从严治党主体责任情况。】

2. 党员有党内建议和倡议权，有权以口头或者书面方式对本人所在党组织、上级党组织直至中央的各方面工作提出建议和倡议，有权按照规定在干部选拔任用中推荐优秀干部，在党组织巡视巡察、检查督查中对党的工作提出建议。　　　　　　　　　　　　　　　　　　　　　（　）

参考答案：√

3. 受留党察看处分、尚未恢复党员权利的党员，可作入党介绍人。
　　　　　　　　　　　　　　　　　　　　　　　　　　　（　）

参考答案：×

【受留党察看处分、尚未恢复党员权利的党员，不能作入党介绍人。】

4. 凡是未经政治审查或政治审查不合格的发展对象，不能发展入党。
　　　　　　　　　　　　　　　　　　　　　　　　　　　（　）

参考答案：√

5. 党总支不能审批预备党员，但应当对支部大会通过接收的预备党员进行审议。　　　　　　　　　　　　　　　　　　　　　　　（　）

参考答案：√

6. 党员外出地点或工作单位相对固定，外出时间6个月以上的，一般应当开具中国共产党党员组织关系介绍信；外出时间6个月及6个月以内的，一般应当开具中国共产党党员证明信。外出地点，时间不确定的，一般应当持有中国共产党流动党员活动证。短期外出开会、参观、学习、实习、考察等，时间在3个月及3个月以内，无需证明党员身份的，但是需要开具党员组织关系凭证。　　　　　　　　　　　　　　　　　　　　　　（　）

参考答案：×

【党员外出地点或工作单位相对固定，外出时间6个月以上的，一般应当开具中国共产党党员组织关系介绍信；外出时间6个月及6个月以内的，一般应当开具中国共产党党员证明信。外出地点、时间不确定的，一般应当持有中国共产党流动党员活动证。短期外出开会、参观、学习、实习、考察等，时间在3个月及3个月以内，无需证明党员身份的，可不开具党员组织关系凭证。】

7. 机关党的基层委员会应当设立机关党的纪律检查委员会。机关党的纪律检查委员会书记由机关党的基层委员会副书记担任。机关党的总支部委员会和支部委员会设立纪律检查委员。　　　　　　　　　　　　（　　）

参考答案：√

8. 机关党的基层委员会（含不设党的基层委员会的总支部委员会、支部委员会）的设置调整、换届、委员会组成以及机关党的纪律委员会的组成，书记、副书记的任免等，经党组（党委）讨论决定后，报党的机关工作委员会批准。　　　　　　　　　　　　　　　　　　　　　　　（　　）

参考答案：√

9. 在入党申请人中确定入党积极分子，应当采取党员推荐、群团组织推优等方式产生人选，由支部委员会（不设支部委员会的由支部大会，下同）研究决定，并报本级党委备案。　　　　　　　　　　　　　　　　（　　）

参考答案：×

【在入党申请人中确定入党积极分子，应当采取党员推荐、群团组织推优等方式产生人选，由支部委员会（不设支部委员会的由支部大会，下同）研究决定，并报上级党委备案。】

10. 税务机关应当依法建立工会组织。有会员二十五人以上的，应当建立机关工会委员会；不足二十五人的，可以单独建立机关工会委员会，也可以由两个以上单位的会员联合建立机关工会委员会，也可以选举组织员一人，组织会员开展活动。女职工人数10人以上的，建立工会女职工委员会；不足10人的，设女职工委员。　　　　　　　　　　　　　　　　（　　）

参考答案：√

11. 税务机关工会委员会每届任期2年或者3年。　　　　　（　　）

参考答案：×

【税务机关工会委员会每届任期三年或者五年】

12．共青团的"三个根本性问题"：一是必须把培养社会主义建设者和接班人作为根本任务；二是把巩固和扩大党执政的青年群众基础作为政治责任；三是把围绕中心、服务大局作为工作主线。　　　　　　（　　）

参考答案：√

13．做好对要求入党的青年积极分子的培养教育，及时地把那些具备党员条件的先进青年吸收到党内来，是加强党的自身建设，提高党的战斗力的需要，是培养跨世纪的社会主义事业接班人，坚持党的基本路线一百年不动摇的需要，是保证党的事业后继有人、兴旺发达的需要。　　（　　）

参考答案：√

14．党的建设工作领导小组是党委抓全面从严治党的议事协调机构，应当加强对本地区党的建设工作的指导，定期听取工作汇报，及时研究解决重大问题。　　　　　　　　　　　　　　　　　　　　（　　）

参考答案：√

第四章　监督管理

必知考试大纲

必懂复习策略

　　本章内容在日常工作中属于重要行为准则，但从两测考试的角度考虑，整体上内容较为基础，备考时做整体掌握即可。

　　本章的复习重点为纪检工作和巡视巡察工作。

　　在纪检工作部分，考生首先需要熟悉纪检机关的主要任务和职责，这点非常重要。对于纪检机构协助推进责任、监督检查责任、纪律审查责任、问责追究责任等主要职责以及"一案双查"相关规定也需重点了解。

　　在巡视巡察工作部分，考生要了解巡视巡察工作的性质与特点、主要内容及工作要求，特别是税务系统的巡视巡察工作要求。

　　督查内审工作、内控机制建设做一般了解即可。

　　在分级考试中，各级间复习重点区别不大，考生在备考时注意熟练掌握即可。

必会核心知识

■ 党员未经批准出入国（边）境，情节较轻的给予警告或严重警告处分，情节较重的给予撤销党内职务处分，情节严重的给予留党察看处分。

■ 税务系统信访举报受理范围：检举控告、申诉、批评建议。

■ 纪检监察机关应当结合问题线索所涉及地区、部门、单位总体情况，综合分析，按照谈话函询、初步核实、暂存待查、予以了结4类方式进行处置。

■ 纪检监察机关对于线索处置不得拖延积压，处置意见应当在收到问题线索之日起1个月内提出，并制定处置方案，履行审批手续。

■ 纪检监察部门在接到稽查部门转交的问题线索后，应当在5个工作日内决定是否受理，并将受理情况反馈给稽查部门。

■ 纪检监察部门在接到稽查部门转交的问题线索后，对于不属于本部门管辖范围的，应当及时转交有管辖权的部门，并告知稽查部门。

■ 检举涉税当事人税收违法行为同时检举税务机关或者税务人员违纪违法问题的，一般先由稽查部门实施税务检查，检查结束后，稽查部门应当将检查结果通报纪检监察部门。

■ 检举涉税当事人税收违法行为同时检举税务机关或者税务人员违纪违法线索具体的，稽查部门和纪检监察部门可组成联合检查组，同时进行检查、调查。

■ 稽查部门在税收违法案件检查中，可以提请纪检监察部门提前介入。

■ 纪检监察部门可以提前介入稽查部门正在查处的税收违法案件，对税务机关或者税务人员涉嫌违纪违法行为开展调查。

■ 有证据或者线索证明税务机关或者税务人员涉嫌重大违纪违法行为的，纪检监察部门应当提前介入查处。

■ 上级纪检监察部门可以根据具体工作情况要求下级纪检监察部门开展"一案双查"，也可以直接或者联合同级稽查部门对下级税务机关查处的税收违法案件开展"一案双查"。

■ 监察部门对稽查部门转交的税务机关或税务人员违法违纪行为线索，可征求有关税收业务部门的意见，作为是否受理和调查的参考，并可提请有关部门协助收集、审查、判断或者认定证据。

■ 被函询人应当在收到函件后 15 个工作日内写出说明材料，由其所在党委（党组）主要负责人签署意见后发函回复。

■ 被谈话函询的党员干部应当在民主生活会、组织生活会上就本年度或者上年度谈话函询问题进行说明，讲清组织予以采信了结的情况；存在违纪问题的，应当进行自我批评，作出检讨。

■ 对不服处分决定的申诉，由批准或者决定处分的党委（党组）或者纪检监察机关受理；需要复议复查的，由纪检监察机关相关负责人批准后受理。复议复查工作应当在 3 个月内办结。

■ 落实党中央决策部署不坚决，打折扣、搞变通，在政治上造成不良影响或者严重后果的，给予警告或者严重警告处分；情节严重的，给予撤销党内职务、留党察看或者开除党籍处分。

■ 在组织进行谈话、函询时，不如实向组织说明问题，情节较重的，给予警告或者严重警告处分。

■ 违反有关规定办理因私出国（境）证件、前往港澳通行证，或者未经批准出入国（边）境，情节较轻的，给予警告或严重警告处分；情节较重的，给予撤销党内职务处分；情节严重的，给予留党察看处分。

■ 巡视巡察机制中的"三个不固定"机制，是巡视巡察组组长不固定、巡视巡察的单位不固定、巡视巡察组与巡视巡察对象的关系不固定。

■ 巡视巡察责任："三个第一责任人"，即党委书记是党风廉政第一责任人，巡视巡察工作领导小组组长是巡视巡察工作第一责任人，巡视巡察组组长是落实巡视巡察监督责任第一责任人。

■ "两个责任"，是指在落实党风廉政建设责任制过程中，"党委负主体责任，纪委负监督责任"的简称。

■ "两职"观念是指全体巡视巡察工作人员有重大问题应当发现而没有发现就是失职，发现问题没有如实报告就是渎职。

■ 巡视巡察工作要层层传导压力、层层落实责任，形成全国"一盘棋"的战略态势，做到对地方、部门和国有企事业单位的全覆盖。

■ 巡视巡察工作程序：巡视巡察准备、巡视巡察了解、巡视巡察汇报、巡视巡察反馈、巡视巡察移交、巡视巡察整改、成果运用、立卷归档。

■ 被巡视巡察党组织是落实整改工作的责任主体，党委书记是第一责任人。

■ 纪检监察和有关部门要优先办理巡视巡察移交事项，纪检监察部门要及时提出立案、初核、谈话函询、暂存、了结等处置意见。

■ 有关部门要及时研究提出办理和组织处理意见，并将巡视巡察情况作为考核评价、选拔任用干部的重要依据。

■ 巡视巡察机构要加强对整改落实情况、移交事项办理情况的跟踪和督办，建立工作台账，及时向巡视巡察工作领导小组报告，对整改和办理不力、不到位的，要严肃追责问责。

■ 建立和完善长效监督机制，要加强对巡视巡察中所发现共性问题的原因分析，深入查找体制、机制、制度等方面存在的薄弱环节，建立和完善长效监督的制度体系，避免同类问题的再次发生。

■ 不断完善巡视巡察制度体系。随着政治巡视巡察的逐步深化，巡视巡察工作的内涵、标准和要求将不断丰富和发展，税务系统巡视巡察工作必须与时俱进，不断加以改进和创新。

■ 全员、全程、全面应用"巡视巡察工作信息管理系统"，包括网上测评、"三重一大"事项管理、巡视巡察过程管理和巡视巡察日常管理等功能。

■ 网上测评应用于巡视巡察民主测评的准备、组织、实施和统计工作以及问卷调查。

■ "三重一大"事项管理应用于"三重一大"事项相关决策制度和决策执行情况数据的报送、收录、查询、监控、统计和分析。

■ 巡视巡察过程管理应用于巡视巡察工作全过程，嵌入各项制度、流程、表证单书，加强巡视巡察过程痕迹管理。

■ 巡视巡察日常管理包括巡视巡察工作绩效管理、巡视巡察工作资料归档等。

■ 巡视巡察的根本任务是"两个维护"，价值取向是以人民为中心。

■ 巡视工作方针：发现问题、形成震慑，推动改革、促进发展。

■ 巡视是党章赋予的重要职责。巡视是政治巡视，本质是政治监督。

■ 政治巡视的监督重点是"四个落实"，即落实党的理论路线方针政策和党中央重大决策部署、落实全面从严治党战略部署、落实新时代党的组织路线、落实巡视及审计等监督整改情况。

■ 党委（党组）要把巡视巡察工作作为落实全面从严治党主体责任的重要抓手，列入年度工作要点，加强领导。党委（党组）书记是第一责任人，要把巡视巡察作为"书记工程"来抓。其他班子成员要坚持"一岗双责"，集合分管领域和部门职能，重视支持巡视巡察工作。巡视巡察工作领导小组落实组织实施责任，领导小组组长切实负起组织实施的主要责任人责任，认真研究谋划推进本地区巡视巡察工作。

■ 各级税务机关主持工作1年以上的副职领导干部要进行经济责任审计。

■ 兼任下级单位正职领导职务的上级领导干部要进行经济责任审计。

■ 上级领导干部兼任下级单位的正职领导职务但不实际履行经济责任时，实际负责本单位常务工作的副职领导干部要进行经济责任审计。

■ 在领导干部每个任期内至少对其进行1次经济责任审计。

■ 对领导干部的审计可以在任中进行，也可以在离任时进行。

■ 在同一岗位任职满3年的领导干部应当对其进行任中经济责任审计。

■ 领导干部在调任、转任、交流、免职、辞职、退休前，应当对其进行离任经济责任审计。

■ 拟提拔晋升且符合审计条件的领导干部，应当在考察环节对其进行经济责任审计。

■ 在同一单位任职的领导干部距上次经济责任审计不到1年时间离任的，可以不再安排离任经济责任审计。

■ 各级税务机关党组书记不实际履行经济责任的，可以不进行经济责任审计。

■ 审计结果报告重点反映被审计领导干部履行经济责任的主要情况、审计发现的主要问题和责任认定、审计处理方式和建议。

■ 审计评价应当与审计内容相统一。

■ 审计评价一般包括领导干部任职期间履行经济责任的业绩、主要问题以及应当承担的责任。

■ 被审计领导干部及其所在单位根据审计结果，应当采取一定的整改措施。

■ 建立和实施内部控制，应当遵循以下原则：（1）全面覆盖。涵盖税务工作的所有领域，贯穿决策、执行、监督的全过程，覆盖所有单位、部门、岗位和人员。（2）突出重点。重点加强对税务工作重点领域、关键环节、重要岗位风险的防范和控制。（3）权力制衡。分事行权、分岗设权、分级授权，在机构设置、层级管理、岗责配置、业务流程等方面实现相互制约、相互监督、相互协调。（4）融合联动。与政策制定、税收执法、行政管理和党风廉政建设等工作紧密结合、深度融合、高度契合，形成整体联动效应。（5）持续改进。强化动态管理，及时发现和纠正存在的问题，根据内外部工作环境和工作要求的变化不断优化完善，使内部控制与人员规模、业务重点、风险水平相适应。

■ 内部控制制度体系，包括：（1）基本制度，是指国家税务总局制定的，用于指导全国税务系统建立和实施内部控制的基本准则。（2）专项制度，是指国家税务总局依据基本制度制定的，用于指导税务工作特定领域风险防控的专门制度。省税务机关可以结合实际制定本单位（系统）的专项制度。（3）操作规程，是指各级税务机关依据基本制度和专项制度制定的，用于防控税务工作特定领域具体风险的有关职责、措施、流程和程序的集合。（4）管理制度，是指各级税务机关依据基本制度制定的，用于规范内部控制自我评估、监督检查、考核评价、结果运用等工作的制度或办法。

■ 内部控制监督平台包括内部控制子系统、税收执法风险监控分析子系统、行政管理风险监控分析子系统、税收执法责任制考核评价子系统、督察审计管理子系统、工作辅助支持子系统六大子系统，是集控制、督审、纠偏、评价、推送功能于一体的综合性内部控制管理平台。

■ 内部控制主责部门界面有5个功能模块，分别是制度管理、风险指引、防控执行、内控展示、内控评估。

■ 内部控制管理部门界面有6个功能模块，分别是制度管理、检查督导、任务推送、内控宣传、内控考评、内控展示。

■ 应用软件内部控制内生化是指为了促进税务系统内部控制与业务管理的融合，实现内部控制信息化、自动化，各级税务机关将内部控制与风险防控的措施嵌入到税务工作应用软件的活动和行为。

■ 内部控制措施的内生化的具体方法：（1）职责分工控制；（2）不相容岗位（职责）分离控制；（3）授权审批控制；（4）流程控制；（5）公开运行控制；（6）痕迹记录控制。

必考点检测训练

一、单项选择

1. 党员未经批准出入国（边）境，情节严重的，给予（　）处分。

  A. 警告或严重警告　　　　　　　B. 撤销党内职务

  C. 留党察看　　　　　　　　　　D. 开除党籍

参考答案：C

2. 纪检监察机关对于线索处置不得拖延积压，处置意见应当在收到问题线索之日起（　）内提出，并制定处置方案，履行审批手续。

  A. 7 日　　　　　B. 15 日　　　　　C. 1 个月　　　　D. 3 个月

参考答案：C

3. 纪检监察部门在接到稽查部门转交的问题线索后，应当在（　）内决定是否受理，并将受理情况反馈给稽查部门。

  A. 3 个工作日　　　　　　　　　B. 5 个工作日

  C. 7 个工作日　　　　　　　　　D. 2 个工作日

参考答案：B

4. 检举涉税当事人税收违法行为同时检举税务机关或者税务人员违纪违法问题的，一般先由稽查部门实施税务检查，检查结束后，稽查部门应当将检查结果通报（　）。

  A. 上级税务机关　　　　　　　　B. 纪律检查委员会

  C. 监督管理部门　　　　　　　　D. 纪检监察部门

参考答案：D

5. 被函询人应当在收到函件后（　　）内写出说明材料，由其所在党委（党组）主要负责人签署意见后发函回复。

    A. 5 个工作日   B. 7 个工作日

    C. 15 个工作日   D. 20 个工作日

参考答案：C

6. 在组织进行谈话、函询时，不如实向组织说明问题，情节较重的，给予（　　）处分。

    A. 警告或严重警告   B. 撤销党内职务

    C. 留党察看   D. 开除党籍

参考答案：A

7. "两个责任"，是指在落实党风廉政建设责任制过程中哪两个责任的简称？（　　）

    A. 党委负落实责任，纪委负监管责任

    B. 党委负主体责任，纪委负监督责任

    C. 党委负落实责任，纪委负监督责任

    D. 党委负主体责任，纪委负监管责任

参考答案：B

8. 检举涉税当事人税收违法行为同时检举税务机关或者税务人员违纪违法线索具体的，稽查部门和（　　）可组成联合检查组，同时进行检查、调查。

    A. 纪检监察部门   B. 监督管理部门

    C. 纪律检查委员会   D. 上级税务机关

参考答案：A

9. 巡视巡察工作程序不包括以下哪项？（　　）

    A. 巡视巡察准备   B. 巡视巡察反馈

    C. 巡视巡察移交   D. 巡视巡察处理

参考答案：D

10. 落实整改工作的责任主体是（　　）。

    A. 被巡视巡察单位   B. 被巡视巡察第一责任人

    C. 被巡视巡察党组织   D. 被巡视巡察领导小组

参考答案：C

11. 纪检监察和有关部门要优先办理的事项是（　　）。

A. 巡视巡察反馈事项 　　　　B. 巡视巡察移交事项

C. 巡视巡察整改事项 　　　　D. 巡视巡察准备事项

参考答案：B

12. 有关部门要及时研究提出办理和组织处理意见，并将（　　）作为考核评价、选拔任用干部的重要依据。

A. 巡视巡察情况 　　　　　　B. 绩效考核情况

C. 日常工作情况 　　　　　　D. 数字人事考评情况

参考答案：A

13. 建立和完善长效监督机制，要加强对巡视巡察中遇到的什么问题的原因分析？（　　）

A. 特殊问题 　　　　　　　　B. 共性问题

C. 个别问题 　　　　　　　　D. 主要问题

参考答案：B

14. 全员、全程、全面应用"巡视巡察工作信息管理系统"，不包括以下哪项功能？（　　）

A. 巡视巡察备案信息管理 　　B. "三重一大"事项管理

C. 巡视巡察过程管理 　　　　D. 巡视巡察日常管理

参考答案：A

15. "三重一大"事项管理应用于"三重一大"事项相关决策制度和决策执行情况数据的报送、收录、查询、监控、统计和（　　）。

A. 公布 　　　B. 上报 　　　C. 研究 　　　D. 分析

参考答案：D

16. 巡视巡察的价值取向是（　　）。

A. 以人民为中心 　　　　　　B. 党风廉政建设

C. 社会公平正义 　　　　　　D. 权为民所用

参考答案：A

17. 巡视是（　　）赋予的重要职责。

A. 宪法 　　　B. 党章 　　　C. 民法 　　　D. 公务员法

参考答案：B

18. 违反有关规定办理因私出国（境）证件、前往港澳通行证，或者未经批准出入国（边）境，情节严重的，给予（   ）处分。

    A. 警告或严重警告　　　　　　B. 撤销党内职务

    C. 留党察看　　　　　　　　　D. 开除党籍

参考答案：C

19. 政治巡视的监督重点是"四个落实"，其中不包括（   ）。

    A. 落实党的理论路线方针政策和党中央重大决策部署

    B. 落实全面从严治党战略部署

    C. 落实新时代党的组织路线

    D. 落实党风廉政建设责任制度

参考答案：D

20. 关于巡视巡察工作，以下说法不正确的是（   ）。

    A. 党委（党组）要把巡视巡察工作作为落实全面从严治党主体责任的重要抓手，列入年度工作要点，加强领导

    B. 领导小组组长是第一责任人，要把巡视巡察作为"重点工程"来抓

    C. 其他班子成员要坚持"一岗双责"，集合分管领域和部门职能，重视支持巡视巡察工作

    D. 领导小组组长切实负起组织实施的主要责任人责任，认真研究谋划推进本地区巡视巡察工作

参考答案：B

21. 各级税务机关主持工作多久的副职领导干部要进行经济责任审计？（   ）

    A. 半年以上　　　　　　　　　B. 1 年以上

    C. 2 年以上　　　　　　　　　D. 3 年以上

参考答案：B

22. 上级领导干部兼任下级单位的正职领导职务但不实际履行经济责任时，（   ）要进行经济责任审计。

    A. 实际负责本单位常务工作的副职领导干部

    B. 本单位的副职领导干部

    C. 上级领导干部指派的审计人员

    D. 实际负责本单位财务工作的副职领导干部

参考答案：A

23. （　）可以提前介入稽查部门正在查处的税收违法案件，对税务机关或者税务人员涉嫌违纪违法行为开展调查。

    A. 纪律检查委员会　　　　　　B. 纪检监察部门

    C. 监督管理部门　　　　　　　D. 公安部门

参考答案：B

24. 在领导干部每个任期内至少对其进行几次经济责任审计？（　）

    A. 1　　　　　B. 2　　　　　C. 3　　　　　D. 4

参考答案：A

25. 在同一岗位任职满几年的领导干部应当对其进行任中经济责任审计？（　）

    A. 1　　　　　B. 2　　　　　C. 3　　　　　D. 4

参考答案：C

26. 以下哪种情况不应当对领导干部进行离任经济责任审计？（　）

    A. 领导干部调任前　　　　　　B. 领导干部转任前

    C. 领导干部交流前　　　　　　D. 领导干部降职前

参考答案：D

27. 拟提拔晋升且符合审计条件的领导干部，应当在什么环节对其进行经济责任审计？（　）

    A. 民主决议环节　　　　　　　B. 考察环节

    C. 任职环节　　　　　　　　　D. 政审环节

参考答案：B

28. 审计评价应当与什么相统一？（　）

    A. 审计建议　　　　　　　　　B. 审计内容

    C. 审计结果　　　　　　　　　D. 审计认定

参考答案：B

29. 被审计领导干部及其所在单位根据审计结果，应当采取一定的（　）。

A. 整改措施　　　　　　　　B. 处置措施

C. 补救措施　　　　　　　　D. 分析反馈举措

参考答案：A

30. 内部控制管理部门界面有 6 个功能模块，其中不包括（　　）。

A. 制度管理　　　　　　　　B. 检查督导

C. 任务推送　　　　　　　　D. 待办事项

参考答案：D

31. 内部控制措施内生化的具体方法不包括（　　）。

A. 职责分工控制

B. 不相容岗位（职责）分离控制

C. 授权审批控制

D. 处置下达控制

参考答案：D

32. 在同一单位任职的领导干部距上次经济责任审计多久后离任的，可以不再安排离任经济责任审计？（　　）

A. 不到 1 年　　　　　　　　B. 不到 2 年

C. 不到半年　　　　　　　　D. 不到 3 年

参考答案：A

二、多项选择

1. 税务系统信访举报受理范围包括（　　）。

A. 检举控告　　B. 申诉　　　　C. 批评建议　　D. 投诉

参考答案：ABC

2. 纪检监察机关应当结合问题线索所涉及地区、部门、单位总体情况，综合分析，并按照哪几类方式进行处置？

A. 谈话函询　　　　　　　　B. 初步核实

C. 暂存待查　　　　　　　　D. 予以了结

参考答案：ABCD

3. 监察部门对稽查部门转交的税务机关或税务人员违法违纪行为线索，可征求有关税收业务部门的意见，作为是否受理和调查的参考，并可提请有关部门协助（　　）或者（　　）证据。

A. 收集　　　　　　　　B. 取证　　　　　　　　C. 审查

D. 判断　　　　　　　　E. 认定

参考答案：ACDE

4. 被谈话函询的党员干部应当在（　　）上就本年度或者上年度谈话函询问题进行说明，讲清组织予以采信了结的情况；存在违纪问题的，应当进行自我批评，作出检讨。

A. 党员大会　　　　　　　　　B. 党员干部座谈会

C. 民主生活会　　　　　　　　D. 组织生活会

参考答案：CD

5. 落实党中央决策部署不坚决，打折扣、搞变通，在政治上造成不良影响或者严重后果且情节严重的，可能给予的处分有（　　）。

A. 撤销党内职务　　　　　　　B. 留党察看

C. 严重警告　　　　　　　　　D. 开除党籍

参考答案：ABD

6. 巡视巡察机制中的"三个不固定"机制，分别是（　　）。

A. 巡视巡察组的组员不固定

B. 巡视巡察组组长不固定

C. 巡视巡察的单位不固定

D. 巡视巡察组与巡视巡察对象的关系不固定。

参考答案：BCD

7. 巡视巡察责任包括"三个第一责任人"，即（　　）。

A. 党委书记是党风廉政第一责任人

B. 巡视巡察工作领导小组组长是巡视巡察工作第一责任人

C. 巡视巡察工作领导小组办公室主任是巡察保障工作第一责任人

D. 巡视巡察组组长是落实巡视巡察监督责任第一责任人

参考答案：ABD

8. 巡视巡察工作要层层传导压力、层层落实责任，形成全国"一盘棋"的战略态势，做到对（　　）的全覆盖。

　　A. 地方　　　　　　　　　　B. 部门

　　C. 国有企业　　　　　　　　D. 事业单位

参考答案：ABCD

9. 巡视巡察过程管理应用于巡视巡察工作全过程，嵌入（　　），加强巡视巡察过程痕迹管理。

　　A. 各项制度　　　　　　　　B. 流程

　　C. 表证单书　　　　　　　　D. 巡察规定

参考答案：ABC

10. 巡视巡察日常管理包括（　　）。

　　A. 巡视巡察工作日常考察　　B. 巡视巡察工作绩效管理

　　C. 巡视巡察工作资料归档　　D. 巡视巡察工作考评管理

参考答案：BC

11. 巡视工作方针包括（　　）。

　　A. 发现问题　　　　　　　　B. 形成震慑

　　C. 推动改革　　　　　　　　D. 促进发展。

参考答案：ABCD

12. 审计结果报告重点反映什么？（　　）

　　A. 被审计领导干部履行经济责任的主要情况

　　B. 审计发现的主要问题和责任认定

　　C. 审计处理方式和建议

　　D. 审计方向和重点

参考答案：ABC

13. 审计评价一般包括领导干部任职期间履行经济责任的（　　）。

　　A. 业绩　　　　　　　　　　B. 主要问题

　　C. 应当承担的责任　　　　　D. 能力水平

参考答案：ABC

14. 建立和实施内部控制，应当遵循的原则有哪些？（　　）

　　A. 全面覆盖。涵盖税务工作的所有领域，贯穿决策、执行、监督的全过程，覆盖所有单位、部门、岗位和人员。

B. 突出重点。重点加强对税务工作重点领域、关键环节、重要岗位风险的防范和控制。

C. 权力制衡。分事行权、分岗设权、分级授权，在机构设置、层级管理、岗责配置、业务流程等方面实现相互制约、相互监督、相互协调。

D. 融合联动。与政策制定、税收执法、行政管理和党风廉政建设等工作紧密结合、深度融合、高度契合，形成整体联动效应。

E. 持续改进。强化动态管理，及时发现和纠正存在的问题，根据内外部工作环境和工作要求的变化不断优化完善，使内部控制与人员规模、业务重点、风险水平相适应。

参考答案：ABCDE

15. 内部控制制度体系，包括哪些方面？（　　）

A. 基本制度，是指国家税务总局制定的，用于指导全国税务系统建立和实施内部控制的基本准则。

B. 专项制度，是指国家税务总局依据基本制度制定的，用于指导税务工作特定领域风险防控的专门制度。省税务机关可以结合实际制定本单位（系统）的专项制度。

C. 操作规程，是指各级税务机关依据基本制度和专项制度制定的，用于防控税务工作特定领域具体风险的有关职责、措施、流程和程序的集合。

D. 管理制度，是指各级税务机关依据基本制度制定的，用于规范内部控制自我评估、监督检查、考核评价、结果运用等工作的制度或办法。

参考答案：ABCD

16. 以下属于内部控制监督平台的是（　　）。

A. 内部控制子系统

B. 税收执法风险监控分析子系统

C. 行政管理风险监控分析子系统

D. 税收征收管理数据分析子系统

参考答案：ABC

17. 以下属于内部控制主责部门界面功能模块的是（　　）。

A．制度管理　　　　B．风险指引　　　　C．防控执行

D．内控展示　　　　E．内控评估

参考答案：ABCDE

三、判断

1. 纪检监察部门在接到稽查部门转交的问题线索后，对于不属于本部门管辖范围的，应当及时转交有管辖权的部门，并告知稽查部门。（　）

参考答案：√

2. 稽查部门在税收违法案件检查中，可以提请纪律监督部门提前介入。

（　）

参考答案：×

【稽查部门在税收违法案件检查中，可以提请纪检监察部门提前介入。】

3. 上级纪检监察部门可以根据具体工作情况要求下级纪检监察部门开展"一案双查"，也可以直接或者联合同级稽查部门对下级税务机关查处的税收违法案件开展"一案双查"。（　）

参考答案：√

4. 对不服处分决定的申诉，由批准或者决定处分的党委（党组）或者纪检监察机关受理；需要复议复查的，由纪检监察机关相关负责人批准后受理。（　）

参考答案：√

5. "两职"观念是指全体巡视巡察工作人员有重大问题应当发现而没有发现就是渎职，发现问题没有如实报告就是失职。（　）

参考答案：×

【"两职"观念是指全体巡视巡察工作人员有重大问题应当发现而没有发现就是失职，发现问题没有如实报告就是渎职。】

6. 巡视巡察机构要加强对整改落实情况、移交事项办理情况的跟踪和督办，建立工作台账，及时向巡视巡察工作领导小组报告，对整改和办理不力、不到位的，要严肃追责问责。（　）

参考答案：√

7. 随着政治巡视巡察的逐步深化，巡视巡察工作的内涵、标准和要求将不断丰富和发展，税务系统巡视巡察工作必须与时俱进，不断加以改进和创新。 （ ）

参考答案：√

8. 网上测评应用于巡视巡察民主测评的准备、实施和统计工作。（ ）

参考答案：×

【网上测评应用于巡视巡察民主测评的准备、组织、实施和统计工作以及问卷调查。】

9. 兼任下级单位正职领导职务的上级领导干部要进行政治责任审计。

（ ）

参考答案：×

【兼任下级单位正职领导职务的上级领导干部要进行经济责任审计。】

10，对领导干部的审计可以在任中进行，也可以在离任时进行。 （ ）

参考答案：√

11. 有证据或者线索证明税务机关或者税务人员涉嫌违纪违法行为的，纪检监察部门应当提前介入查处。 （ ）

参考答案：×

【有证据或者线索证明税务机关或者税务人员涉嫌重大违纪违法行为的，纪检监察部门应当提前介入查处。】

12. 各级税务机关党组书记不实际履行经济责任的，可以不进行经济责任审计。 （ ）

参考答案：√

13. 应用软件内部控制内生化是指为了促进税务系统内部控制与业务管理的融合，实现内部控制信息化、自动化，各级税务机关将内部控制与风险防控的措施嵌入到税务工作应用软件的活动和行为。 （ ）

参考答案：√

四、实务题

2022年8月8日，A省税务局第一巡察组进驻B市税务局，对该市局领导班子及其成员开展巡察。巡察结束后，巡察组反馈了B市局党委在履行全面从严治党主体责任、执行党的纪律、落实中央八项规定精神等方面存在的问题。主要表现在违规发放津贴补贴、超标准配备使用公务用车、某县局多人因利用职务之便收受纳税人红包礼金被地方纪委立案查处等方面，并针对上述问题提出了整改意见。

请结合以上材料，回答下列问题：

1. 根据《中国共产党巡视工作条例》，关于巡视责任，重点是明确"三个责任人"，其中不包括（　　）。

A. 党委书记是巡视工作主体责任的第一责任人

B. 巡视工作领导小组组长是实施巡视工作主要责任人

C. 巡视组组长是落实巡视监督责任第一责任人

D. 党委委员是落实巡视整改工作相关责任人

参考答案：D

【根据《中国共产党巡视工作条例》，巡视工作责任体系的核心是落实"两个责任"，重点是明确"三个责任人"，即党委书记是巡视工作主体责任的第一责任人，巡视工作领导小组组长是组织实施巡视工作的主要责任人，巡视组组长是落实巡视监督责任的第一责任人。】

2. 开展巡察工作要紧盯"三大问题"，紧抓"三个重点"。"三大问题"是指（　　）。

A. 党的意识淡薄、党的建设缺失、全面从严治党不力

B. 党的领导弱化、党的建设缺失、全面从严治党不力

C. 党的规矩缺失、党的领导弱化、全面从严治党不力

D. 党的领导弱化、党的建设缺失、党的纪律执行不力

参考答案：B

【三大问题是指：党的领导弱化，党的建设缺失，全面从严治党不力。】

3. 经查，B市税务局党委存在违规配备使用公务用车行为，且违规情节

较重，根据《中国共产党纪律处分条例》相关规定，应对直接责任者和领导责任者给予的处分是（　　）。

A. 撤销党内职务　　　　　　B. 警告或严重警告
C. 留党察看　　　　　　　　D. 开除党籍

参考答案：B

【根据《中国共产党纪律处分条例》第一百条 违规配备、购买、更换、装饰、使用公务用车或者有其他违反公务用车管理规定的行为，直接责任者和领导责任者，情节较重的，给予警告或严重警告处分；情节严重的给予撤销党内职务或留党察看处分。】

4. 根据《中国共产党纪律处分条例》，违反有关规定滥发津贴、补贴、奖金等，对直接责任者和领导责任者，情节严重的，给予的处分是（　　）。

A. 警告或严重警告　　　　　B. 撤销党内职务或留党察看
C. 责令作出书面检查　　　　D. 开除党籍

参考答案：D

【根据《中国共产党纪律处分条例》违反有关规定自定薪酬或者滥发津贴、补贴、奖金等，对直接责任者和领导责任者，情节较轻的，给予警告或者严重警告处分；情节较重的，给予撤销党内职务或者留党察看处分；情节严重的，给予开除党籍处分。】

5. 根据巡察结果，省局党委拟对市局党委履行从严治党主体责任不力进行问责。其可采取的问责方式包括（　　）。

A. 检查、通报、解散　　　　B. 通报、诫勉、改组
C. 检查、通报、改组　　　　D. 检查、责令整改、改组

参考答案：C

【根据《中国共产党问责条例》第七条 对党组织的问责方式包括：（一）检查。对履行职责不力、情节较轻的，应当责令其作出书面检查并切实整改。（二）通报。对履行职责不力、情节较重的，应当责令整改，并在一定范围内通报。（三）改组。对失职失责、严重违反党的纪律、本身又不能纠正的，应当予以改组。】

第五章　财务管理

必知考试大纲

2. 事业单位收入与支出

3. 中央八项规定相关支出管理

4. 决算管理

第五节　国库集中支付管理

1. 预算单位零余额账户管理

2. 用款计划管理

3. 财政直接支付

4. 财政授权支付

5. 年终预算结余资金管理

6. 管理与监督

第六节　国有资产管理

1. 国有资产管理知识

第七节　基本建设管理

1. 基建管理知识

必懂复习策略

　　本章为基础章节，考生对其中的知识点有基本了解即可。备考中不建议大量阅读，通过适当的练习掌握其中重要的知识点即可。

　　本章的复习重点为预算管理、财务收支、决算管理和国有资产管理。

　　在预算管理部分，考生要熟悉预算管理体制，尤其是税务系统预算管理体制，要熟悉部门预算编制流程，掌握部门预算编制管理内容、部门预算调整和预算报表体系。

　　在财务收支和决算管理部分，考生要掌握中央八项规定相关支出管理规定，熟悉行政单位、事业单位收入与支出的种类。熟悉部门决算的概念、工作职责、流程、规范，掌握部门决算管理工作内容和部门决算报表体系。

　　在国有资产管理部分，考生要熟悉国有资产的概念、特征、主要内容，熟悉国有资产管理机构及其职责划分，熟悉国有资产的分类与计价方法。

　　对于税务系统会计制度和基本建设管理，作为日常工作中应知应会的基础只做一般了解即可。

　　在分级考试中，差别较大的是预算管理部分，初级考试侧重对基本内容、基本概念和编制流程了解程度的考查，中高级考试则更关注部门预算编制管理内容、部门预算调整和预算报表体系，预算绩效管理理论、内涵等。另外，中高级考试中对决算管理中的部门决算管理工作内容和部门决算报表体系也要重点关注。

必会核心知识

■ 财务公开类型包括主动公开和依申请公开。

■ 主动公开的财务事项由各单位政务公开领导小组依据有关规定确定。

■ 依申请公开由申请人根据需要，向税务系统有关单位申请获取相关财务公开信息，单位政务公开领导小组要审查申请材料、研究分析申请内容、妥善处理遇到的问题并确定是否公开。对符合规定需要公开的，要及时向申请人公开，属于涉密、制作过程中不存在的或不属于本部门公开的信息要明确告知申请人。对一些要求公开项目较多的申请，按照"一事一申请"原则进行公开。

■ 财务公开时间要求：应与要公开的财务事项的内容及类型相适应，日常性工作内容定期公开；阶段性工作内容逐段公开；临时性工作内容及时公开；涉及职工切身利益的财务事项随时公开。

■ 经本级人民代表大会或者本级人民代表大会常务委员会批准的预算、预算调整、决算、预算执行情况的报告及报表，应当在批准后二十日内由本级政府财政部门向社会公开，并对本级政府财政转移支付安排、执行的情况以及举借债务的情况等重要事项作出说明。

■ 税务总局是税务系统汇总部门决算公开的主体，负责税务系统的决算公开工作。各省、自治区、直辖市和计划单列市税务局及税务总局各直属预算单位是本省和本单位决算公开的主体，负责本省和本单位的决算公开工作。

■ 财务公开的范围要从实际出发，针对不同的内容、在不同的范围公开。属于内部管理的事项，主要通过办公会、群众代表会、干部职工大会和公告栏、内部网站等形式进行公开。需要对所属预算单位公开的事项，通过政策法规文件、财务工作会议及系统网站等形式进行公开。

■ 各级税务机关应当按年度组织公开本机关国内公务接待制度规定、标准、经费支出、接待场所、接待项目等有关情况，接受社会监督。

■ 各单位应当将非涉密会议的名称、主要内容、参会人数、经费开支等情况在单位内部公示或提供查询，具备条件的应向社会公开。

■　各级税务机关应将非涉密培训的项目、内容、人数、经费等情况，以适当方式进行公开。

■　各单位应当将党建活动经费开支情况以适当方式公开。

■　单位应当以实际发生的经济业务或者事项为依据进行会计核算，如实反映各项会计要素的情况和结果，保证会计信息真实可靠。

■　单位对已经发生的经济业务或者事项，应当及时进行会计核算，不得提前或者延后。

■　单位提供的会计信息应当具有可比性。单位不同时期发生的相同或者相似的经济业务或者事项，应当采用一致的会计政策，不得随意变更。确需变更的，应当将变更的内容、理由及其影响在附注中予以说明。

■　不同单位发生的相同或者相似的经济业务或者事项，应当采用国家税务总局统一的会计政策，确保会计信息口径一致，相互可比。

■　会计核算兼具财务会计和预算会计的双重功能。其中，财务会计以权责发生制为基础，对单位发生的各项经济业务或者事项进行会计核算，主要反映、监督单位财务状况等情况；预算会计以收付实现制为基础，对单位预算执行过程中发生的全部收入和全部支出进行会计核算，主要反映、监督预算资金的收支等情况。

■　对于纳入部门预算管理的现金收支业务，在采用财务会计核算的同时应当进行预算会计核算；对于其他业务，仅需进行财务会计核算。

■　决算报告是综合反映单位年度预算收支执行结果的文件，包括决算报表和其他应当在决算报告中反映的相关信息和资料。决算报告的编制主要以收付实现制为基础，以预算会计核算生成的数据为准，具体内容及编制要求等应按财政部的要求编制。

■　预算由预算收入和预算支出组成。

■　预算包括一般公共预算、政府性基金预算、国有资本经营预算、社会保险基金预算。

■　预算是政府、企事业单位和社会团体对一定时期收入和支出计划的编制和说明。

■　税务系统的预算单位全部属于中央预算单位。税务系统预算单位管理工作包括预算单位的设立、变更、撤销。税务系统预算单位，因与地方财政部门发生缴拨款关系，可依据地方财政部门预算单位管理的有关规定纳入地方预算单位管理。

■ 各部门、各单位应当按照国务院财政部门制定的政府收支分类科目、预算支出标准和要求，以及绩效目标管理等预算编制规定，根据其依法履行职能和事业发展的需要以及存量资产情况，编制本部门、本单位预算草案。

■ 预算编制包括"一上""一下""二上""二下"四个阶段。"一上"是指各级预算单位根据本单位事业发展需要和上级单位及财政部门要求，使用中央部门预算管理系统上报本单位年度预算需求及三年支出规划建议数的过程。"一下"是指年度部门预算控制数下达。"二上"是指各级预算单位编报部门预算草案的过程。"二下"是指年度预算批复。

■ 预算绩效管理是政府绩效管理的重要组成部分，是一种以支出结果为导向的预算管理模式，是通过管理如期实现预算资金的产出和结果的过程。

■ 预算绩效管理主要内容包括绩效目标管理、绩效运行跟踪监控管理、绩效评价实施管理、绩效评价结果反馈和应用管理。

■ 绩效预算的特点就是按计划决定预算，按预算计算成本，按成本分析效益，然后根据效益来衡量其业绩。

■ 行政单位的收入，包括财政拨款收入和其他收入。

■ 财政拨款收入是指行政单位从同级财政部门取得的财政预算资金。

■ 其他收入是指行政单位依法取得的除财政拨款以外的各项收入。

■ 行政单位依法取得的罚没收入、行政事业性收费、政府性基金、国有资产处置和出租出借收入等不属于行政单位的收入，应当上缴国库或财政专户。

■ 对财政拨款收入的管理要求主要有四点：必须严格执行财政预算管理制度；必须加强财政拨款收入的监控；必须区分不同科目和不同性质的经费分别核算管理；必须将全部收入全面真实准确地核算。

■ 对其他收入的管理要求主要抓三项：来源必须合法，管理必须合规，纳税必须依法。

■ 行政单位支出是指行政单位为保障机构正常运转和完成工作任务所发生的资金耗费和损失。

■ 行政单位的支出包括基本支出和项目支出。

■ 基本支出是指行政单位为保障机构正常运转和完成日常工作任务发生的支出，包括人员支出和公用支出。

■ 人员支出主要是指维持机构正常运转且可归集到个人的各项支出。

■ 公用支出主要是指维持机构正常运转但不能归集到个人的各项支出。

■ 项目支出是指行政单位为完成特定的工作任务，在基本支出之外发生的支出。

■ 项目支出主要包括：基本建设支出、有关事业发展专项计划支出、专项业务费支出、大型修缮支出、大型购置支出等。

■ 税务系统的项目支出主要有基本建设、代扣代收代征税款手续费、稽查办案、反避税、信息化运维、发票印制及管理、纳税服务宣传经费等。

■ 事业单位收入是指事业单位为开展业务及其他活动依法取得的非偿还性资金。

■ 事业单位收入内容较多，主要包括财政补助收入、事业收入、上级补助收入、附属单位上缴收入和其他收入。

■ 事业单位应当将各项收入全部纳入单位预算，统一核算，统一管理。事业单位对按照规定上缴国库或者财政专户的资金，应当按照国库集中收缴的有关规定及时足额上缴，不得隐瞒、滞留、截留、挪用和坐支。

■ 事业单位收入管理的具体要求：（1）保证收入的合法性与合理性；（2）正确划分各项收入，依法缴纳各种税费；（3）收入统管，事业单位所有收入都由财务部门统一核算管理，严禁设账外账；（4）充分利用现有条件积极组织收入，提高经费自给率和自我发展能力；（5）正确处理社会效益和经济效益的关系。

■ 事业单位支出是指事业单位开展业务及其他活动发生的资金耗费和损失。

■ 事业单位支出包括事业支出、经营支出、对附属单位补助支出、上缴上级支出和其他支出。

■ 部门决算是指各部门依据国家有关法律法规规定及其履行职能情况编制，反映部门所有预算收支和结余执行结果及绩效等情况的综合性年度报告，是改进部门预算执行以及编制后续年度部门预算的参考和依据。

■ 政府部门财务报告由政府部门编制，主要反映本部门财务状况、运行情况等，为加强政府部门资产负债管理、预算管理、绩效管理等提供信息支撑。

■ 部门决算管理事项主要包括：部门决算的工作组织、报告体系设计、编制审核、汇总报送、批复、信息公开、分析应用以及数据资料管理等。

■ 政府各部门应当对所属各单位财务报表进行合并编制本部门财务报表。编制合并财务报表时，对部门内部单位之间发生的经济业务或事项应当经过确认后抵销，并编制抵销分录，在此基础上分项合并财务报表项目。

■ 部门决算报告包括决算报表、报表说明和决算分析等。

■ 政府部门财务报告应当包括会计报表、报表附注、财务分析等。会计报表主要包括资产负债表、收入费用表及当期盈余与预算结余差异表等。

■ 会计人员在年末应将会计账簿记录的有关数据与原始凭证和记账凭证内容、库存实物、货币资金、有价证券、往来单位或个人等进行相互核对，每年至少对账一次，保证账证相符、账账相符、账实相符。

■ 零余额账户是指财政部门和预算单位在办理支付款项业务时，先由代理银行根据财政预算批复拨款凭证支付指令，通过单位零余额账户将资金支付到供应商或收款人账户。支付的资金由代理银行在每天规定的时间内与人民银行通过国库账户进行清算，将当天支付的所有资金从人民银行国库划到代理银行账户，当天轧账后，账户的余额为零。

■ 预算单位零余额账户只能用于本级开支。不得用于资金转拨，一般情况下不得向本单位实有资金账户划拨资金，如有特殊情况，确需将资金从本单位零余额账户拨入本单位实有资金账户，需要报上级财政部门审核，收到上级财政部门批准文件后方可办理资金划转业务。

■ 零余额账户支付包括财政直接支付和财政授权支付两种方式。

■ 当零余额账户相关信息如单位名称、国标码、开户银行发生变化，需要变更零余额账户相关信息时，需经财政部批准。

■ 预算单位的财政授权支付业务通过本单位零余额账户办理。

■ 财政直接支付是指税务系统预算单位在财政部批准的财政直接支付用款额度内提出支付申请，逐级审核汇总报财政部批准后，由财政部向代理银行签发支付指令，代理银行根据财政部的支付指令，通过财政部零余额账户，将资金直接支付到收款人（即商品或劳务的供应商等）。

■ 财政授权支付是指预算单位按照财政部的授权自行向代理银行签发支付指令，代理银行根据预算单位的支付指令，在财政部批准的用款额度内，通过预算单位零余额账户将资金支付到收款人或用款单位。

■ 预算单位支用财政授权支付额度可通过转账或现金等方式结算。

■ 用款计划编制的依据是财政部批复的年度部门预算数，包括"二上"预算、正式预算和调整预算。

■ 预算单位根据批准的年度预算，使用财政部统一规定的格式编制用款计划。

■ 单笔支付超过500万元的，分月编制直接支付用款计划，其余分月编制授权支付用款计划。

■ 预算指标分为财政直接支付和财政授权支付两种支付方式。调整预算一般在批复文件中明确资金支付方式，不需要进行范围划分，特殊情况以税务总局通知要求为准。

■ 除下列规定外，单笔支付金额在500万元（含）以上的支出实行财政直接支付，单笔支付金额在500万元以下的支出实行财政授权支付。（1）纳入财政统发范围的工资津贴补贴、离退休费，国有资本经营预算支出，以及财政部规定的有特殊管理要求的支出，实行财政直接支付；（2）未纳入财政统发范围的工资津贴补贴、离退休费，社会保险缴费，职业年金缴费，住房改革支出，日常运行的水费、电费、应由单位承担的支付给供热企业的取暖费，需兑换外汇进行支付的支出，以及经财政部批准后的其他支出，实行财政授权支付。

■ 用款计划按照预算管理类型分为基本支出用款计划和项目支出用款计划。

■ 基本支出用款计划和项目支出用款计划，按照支付方式分别划分为财政直接支付和财政授权支付两部分。

■ 用款计划每年编报两次，1—5月的分月用款计划依据"二上"预算的预算控制数编制，6—12月的分月用款计划依据正式批复的年度预算数编制。

■ 基本支出分月用款数应符合年度均衡性原则，项目支出分月用款数应符合项目实施进度。

■ 实行财政授权支付的资金范围包括：中央财政拨款支出中，除纳入财政直接支付方式与范围的、直接支付额度外的全部支出。

■ 每月月底前，财政部根据批准的税务系统用款计划中各预算单位的月度财政授权支付额度，分别向中国人民银行和代理银行签发下月《财政授权支付汇总清算额度通知单》和《财政授权支付额度通知单》。

■ 代理银行分支机构在接到《财政授权支付额度通知单》后，向相关预算单位发出《财政授权支付额度到账通知书》。

■ 《财政授权支付额度到账通知书》确定的月度财政授权支付额度在年度内可以累加使用。预算单位凭据《财政授权支付额度到账通知书》所确定的用款额度支用资金。代理银行凭据《财政授权支付额度通知单》受理预算单位财政授权支付业务，控制预算单位的支付金额。

■ 预算单位支用财政授权支付额度可通过转账或现金等方式结算。预算单位使用支票和汇兑凭证办理财政授权支付结算业务。

■ 现行国库集中支付年终预算结余资金管理，采用"边批边用"模式，即财政部在对年终结余资金情况进行审核的同时，先将用款额度批复给预算单位使用。该模式包括额度注销、额度恢复、结余核对、结余批复四个步骤。

■ 年终预算结余资金是指纳入国库集中支付改革的预算单位在预算年度内，按照财政部批复的部门预算，当年尚未支付的预算资金。

■ 国库集中支付预算单位结余资金，按照上级单位批复的部门预算数与上年预算结余数之和，减当年财政国库已支付数的余额计算，并按规定程序由财政部核定。

■ 税务系统各级财务部门在财政性资金支付管理审核中应遵循两个原则：一是按照相关规定依据批复的部门预算，审核所属预算单位的用款计划。二是按照批复的用款计划、合同条款的规定、项目进度和实际用款进度审核所属预算单位的财政直接支付申请。

■ 税务系统财务部门对各级预算单位使用财政性资金情况应加强监督检查。具体监督检查内容有以下几项：是否按规定程序、批复的预算、用款计划（或额度）、合同条款、项目进度申请使用资金；支付凭证是否真实、合法，上报的资料、信息是否及时、准确；是否利用报账单位转移、隐匿财政性资金；是否提供虚假申请资料或信息骗取财政性资金；是否有其他违反财经纪律造成财政性资金严重流失的行为。

■　发生以下情形之一的，财务部门有权拒绝受理所属单位的支付申请：无预算、超预算申请使用资金的；自行扩大预算支出范围申请使用资金的；申请手续及提供的文件不完备，有关审核单位没有签署意见或没有加盖印章的；未按规定程序申请或越级申请使用资金的；预算执行中发现严重违规、违纪问题的；工程建设出现重大问题的；其他可能造成拒付的情形。

■　基建项目，是指税务系统投资总额在10万元以上，用于新建、购建、改扩建、维修改造的办公用房和各类技术业务用房项目。投资总额10万元以上、不满200万元的房屋及设施设备的维修改造，凡不使用中央财政基建项目经费的，可以不作为基建项目管理。

■　投资总额，是指基建项目从筹建到竣工所需要的全部建设资金，主要包括设计勘察费、征地费、拆迁补偿费、市政配套费、建筑安装费、内外装修费、设备用具费等。采取分期建设的基建项目，投资总额应包括基建项目各建设期的全部建设资金。税务系统基建的资金来源包括中央财政资金及其他资金。

■　税务系统基建项目实行分级审批管理。属于国务院或者国家发展改革委审批的基建项目，由税务总局向国家发展改革委报批，其中办公用房项目在报批前先由国家机关事务管理局出具必要性审查意见；属于国家机关事务管理局审批的项目，由税务总局报国家机关事务管理局审批；其余基建项目，由税务总局根据项目级别和投资总额，明确建设项目审批权限，分别由税务总局和国家税务总局各省（自治区、直辖市和计划单列市）税务局审批。

■　申报办公用房项目的立项条件：（1）各级税务机关没有办公用房，且无法调剂使用的，可以申请新建、购建。（2）现有办公用房由于城市搬迁、城市改造、行政区划调整等原因，按照政府有关部门的规定确需拆除或者搬迁，且无法调剂使用的，可以申请新建、购建。（3）现有办公用房由于污染等外部环境特殊原因，无法正常开展工作，且无法调剂使用的，可以申请新建、购建。（4）现有办公用房投入使用15年以上，面积不足规定标准面积三分之二，功能不全，严重制约工作正常开展，且无法调剂使用的，可以申请新建、购建或者改扩建。（5）现有办公用房年久失修或者遭受自然灾害，经有关部门鉴定为危房，且无法调剂使用的，可以根据鉴定意见申请新建、购建或者维修改造。（6）现有办公用房投入使用 10 年以上，功能不全，影响工作正常开展，或水、电、暖、消防等主要设施损坏严重，存在安全隐患的，可以申请维修改造。

■ 税务系统基本建设项目库是税务系统根据国家基本建设和预算管理的要求，对基本建设项目进行规范化、程序化管理的信息系统。

■ 纳入项目库管理的基建项目信息，应当作为编制基建项目预算的重要依据。未纳入项目库管理的项目不得编制安排预算。

■ 省、市、县税务局新建、购建和改扩建项目，以及投资总额 200 万元以上的维修改造项目，应当按照规定的程序、权限和时间要求，签署税务系统基本建设管理承诺书。

■ 承诺书须在项目初步设计申报前签署。未签署承诺书的项目，审批部门不得审批项目初步设计。承诺书签署后，项目建设期内单位法定代表人更换的，无需重新签署，继任者自任职之日起作为该项目相应责任人，在本单位所持承诺书上签字，并标注日期。

■ 税务总局及省税务局基本建设主管部门应当根据项目建议书审批权限，委托中介机构对申请初步设计审批的项目进行基建项目评审，对项目建设标准等指标进行审核评价，以确认项目是否符合各项规定。中介机构应当及时出具项目评审报告，其评审结论应当作为审批部门批复初步设计的依据。

■ 初步设计审批的投资概算和建筑面积，一般不得超过项目建议书审批的投资估算和建筑面积。因特殊情况确需增加投资概算的，其投资概算的上浮比例不得超过项目建议书审批投资估算的 10%；凡超过 10% 的项目应当重新办理项目建议书审批。因设计原因确需增加建筑面积的，其建筑面积的上浮比例不得超过项目建议书审批面积的 5%；凡超过 5% 的项目应当重新办理项目建议书审批。

■ 工程价款结算是指依据基本建设工程发承包合同等进行工程预付款、进度款、竣工价款结算的活动。（1）工程预付款支付，应当根据合同（或者协议）规定，支付不低于合同金额 10% 且不高于合同金额 30% 的预付款。对重大工程项目，按年度工程计划逐年预付。预付的工程款应当在合同中约定抵扣方式，并在工程进度款中进行抵扣。（2）工程进度款支付，应当根据合同（或者协议）规定和工程形象进度付款。项目竣工结算审核前，项目工程进度款应当根据确定的工程计量结果，按不低于工程价款的 70%，不高于工程价款的 90% 支付工程进度款。按约定时间发包人应当扣回的预付款，与工程进度款同期结算抵扣。（3）工程竣工价款支付，应当根据审核确认的竣工结算报告，保留不超过工程价款结算总额 3% 的工程质量保证金，待工程交付使用缺陷责任期满后清算。资信好的施工单位可以用银行保函替代工程质量保证金。竣工价款结算一般应当在项目竣工验收后 2 个月内完成，大型项目一般不得超过 3 个月。

■ 项目建设单位应当在施工单位按合同完成项目全部任务后，组织有关单位及相关人员进行项目验收。未经验收或验收不合格的基建项目，一律不得交付使用。项目验收可视工程规模大小，分为初步验收和竣工验收。

■ 项目建设单位应督促施工单位及时整理工程结算资料，基建项目竣工后，逐级上报审批部门申请工程结算审核。基建项目审批部门应当根据项目建设单位逐级上报的工程结算审核申请，按照规定的权限及时委托中介机构，对已竣工基建项目的工程结算进行审核。

■ 财务管理部门应当对项目建设单位编报的竣工财务决算进行初步审核，确认项目财务指标数据审核报告以及上报资料齐全完整准确后，逐级上报至竣工财务决算审批部门。审批部门应当对报送的竣工财务决算进行审核。

■ 项目竣工验收合格后，应当及时办理资产交付使用手续，并依据批复的项目竣工财务决算进行账务调整。

■ 税务系统国有资产分为行政单位国有资产和事业单位国有资产。

■ 税务系统行政单位国有资产包括：使用国家财政性资金形成的资产、国家调拨的资产、按照国家政策规定运用国有资产组织收入形成的资产，以及接受捐赠的资产和其他经法律、法规确认为国家所有的资产。

■ 行政、事业单位的国有资产具有以下特征：（1）资产是一种经济资源；（2）资产能够用货币来计量，（3）国家统一所有；（4）政府分级监管；

（5）资产为行政单位或事业单位所占有。

■ 税务系统行政单位国有资产实行国家所有，财政部监管，税务系统分级管理，单位占有、使用的管理体制。

■ 国有资产管理按具体管理形式分为财务管理部门、资产实物管理部门和固定资产使用部门。

■ 各级财务管理部门是税务系统国有资产的主管部门，负责对本单位占有、使用的国有资产实施财务管理。其主要职责是：制定本单位国有资产财务管理制度，并组织实施和监督检查；按照国家规定对国有资产实行会计核算；定期与固定资产实物管理部门对账；按规定的程序对国有资产盘盈、盘亏进行账务处理；按规定权限办理国有资产配置、处置；按规定权限对符合国家规定的国有资产办理出租、出借事项，组织国有资产收入缴纳工作。

■ 资产实物管理部门对本单位占有、使用的固定资产实施实物管理。其主要职责是：制定并组织实施本单位固定资产实物管理的具体规定；统一管理本单位占有、使用的固定资产，建立固定资产使用登记卡片和台账；办理固定资产验收入库、领用、内部变动、处置等手续；保管和维护固定资产，确保资产安全和完整；每年定期对固定资产进行清理盘点，发生的盘盈、盘亏及时查明原因，并办理报批、登记和变更等手续；定期与财务部门和固定资产使用部门对账，做到账账相符、账实相符；按规定权限办理固定资产配置、处置、使用等事项的审核、报批手续。

■ 税务系统行政单位国有资产分为固定资产、流动资产、在建工程、无形资产四类。

■ 固定资产是指使用期限超过 1 年，单位价值在 1000 元以上（其中：专用设备单位价值在 1500 元以上），并且在使用过程中基本保持原有物质形态的资产。

■ 单位价值虽未达到规定标准，但是耐用时间在 1 年以上的大批同类物资，作为固定资产管理。

■ 固定资产应当按照实际成本计价，固定资产来源方式不同，其实际成本的内容也有所不同。

■ 税务系统行政单位固定资产实行分类管理，一般分为六类：房屋及构筑物；通用设备；专用设备；文物和陈列品；图书、档案；家具、用具、装具等。

■ 流动资产是指可以在1年以内（含1年）变现或者耗用的资产，包括库存现金、银行存款、零余额账户用款额度、财政应返还额度、应收及暂付款项、存货等。

■ 在建工程是指行政单位已经发生必要支出，但尚未交付使用的建设工程。

■ 在建工程达到交付使用状态时，应当按照规定办理工程竣工财务决算和资产交付使用。

■ 无形资产是指不具有实物形态而能够为使用者提供某种权利的非货币性资产。

■ 无形资产包括著作权、土地使用权、专利权、非专利技术、软件等。

■ 无形资产应按取得时的实际成本计价。

■ 单位价值小于1000元（含）的，不作为无形资产管理。

必考点检测训练

一、单项选择

1. 主动公开的财务事项由各单位（　）依据有关规定确定。

A. 党委　　　　　　　　　B. 政务公开领导小组

C. 财务部门　　　　　　　D. 宣传部门

参考答案：B

2. 经本级人民代表大会或者本级人民代表大会常务委员会批准的预算、预算调整、决算、预算执行情况的报告及报表，应当在批准后（　）由本级政府财政部门向社会公开，并对本级政府财政转移支付安排、执行的情况以及举借债务的情况等重要事项作出说明。

A. 十日内　　　　　　　　B. 十五日内

C. 二十日内　　　　　　　　　D. 一个月内

参考答案：C

3. 各级税务机关应当（　　）组织公开本机关国内公务接待制度规定、标准、经费支出、接待场所、接待项目等有关情况，接受社会监督。

A. 按月　　　　　　　　　　　B. 按季度

C. 按年度　　　　　　　　　　D. 随时可以

参考答案：C

4. 单位应当以实际发生的经济业务或者事项为依据进行会计核算，如实反映各项会计要素的情况和结果，保证会计信息（　　）。

A. 数据准确　　　　　　　　　B. 真实可靠

C. 及时准确　　　　　　　　　D. 真实准确

参考答案：B

5. 单位提供的会计信息应当具有（　　）。单位不同时期发生的相同或者相似的经济业务或者事项，应当采用一致的会计政策，不得随意变更。确需变更的，应当将变更的内容、理由及其影响在附注中予以说明。

A. 稳定性　　　　　　　　　　B. 可比性

C. 可变性　　　　　　　　　　D. 灵活性

参考答案：B

6. 不同单位发生的相同或者相似的经济业务或者事项，应当采用（　　）统一的会计政策，确保会计信息口径一致，相互可比。

A. 本地区政府　　　　　　　　B. 上级单位

C. 本单位　　　　　　　　　　D. 国家税务总局

参考答案：D

7. 会计核算兼具财务会计和预算会计的双重功能。其中，财务会计以（　　）为基础，对单位发生的各项经济业务或者事项进行会计核算，主要反映、监督单位财务状况等情况；预算会计以（　　）为基础，对单位预算执行过程中发生的全部收入和全部支出进行会计核算，主要反映、监督预算资金的收支等情况。

A. 收付实现制　权责发生制

B. 权责发生制　收付实现制

C. 收付实现制　现金制

D. 现金制　权责发生制

参考答案：B

8. 决算报告是综合反映单位年度预算收支执行结果的文件，包括决算报表和其他应当在决算报告中反映的相关信息和资料。决算报告的编制主要以收付实现制为基础，以预算会计核算生成的数据为准，具体内容及编制要求等应按（　）的要求编制。

A. 审计署　　　　　　　　B. 国家税务总局

C. 上级部门　　　　　　　D. 财政部

参考答案：D

9. 税务系统的预算单位全部属于（　）。税务系统预算单位管理工作包括预算单位的设立、变更、撤销。税务系统预算单位，因与地方财政部门发生缴拨款关系，可依据地方财政部门预算单位管理的有关规定纳入地方预算单位管理。

A. 地方预算单位　　　　　B. 中央预算单位

C. 本级预算单位　　　　　D. 隶属行预算单位

参考答案：B

10. （　）是政府绩效管理的重要组成部分，是一种以支出结果为导向的预算管理模式，是通过管理如期实现预算资金的产出和结果的过程。

A. 预算收入管理　　　　　B. 预算绩效管理

C. 预算收支管理　　　　　D. 预算支出管理

参考答案：B

11. 绩效预算的特点就是按计划决定预算，按预算计算成本，按成本分析效益，然后根据（　）来衡量其业绩。

A. 收入　　　B. 效益　　　C. 支出　　　D. 绩效

参考答案：B

12. 财政拨款收入是指行政单位从（　）取得的财政预算资金。

A. 同级财政部门　　　　　B. 上级财政部门

C. 上级部门　　　　　　　D. 同级部门

参考答案：A

13. 部门决算报告包括（   ）、报表说明和决算分析等。

A. 报表
B. 决算汇总表
C. 决算报表
D. 决算报告书

参考答案：C

14. 当零余额账户相关信息如单位名称、国标码、开户银行发生变化，需要变更零余额账户相关信息时，需经（   ）批准。

A. 税务总局
B. 本级财政部门
C. 人民银行
D. 财政部

参考答案：D

15. 预算单位支用财政授权支付额度可通过（   ）等方式结算。

A. 转账
B. 现金
C. 转账或现金
D. 支票

参考答案：C

16. 范围划分将预算指标划分为（   ）和（   ）两种支付方式。

A. 直接支付和间接支付
B. 直接支付和授权支付
C. 间接支付和授权支付
D. 财政直接支付和财政授权支付

参考答案：D

17. 预算单位支用财政授权支付额度可通过（   ）方式结算。预算单位使用支票和汇兑凭证办理财政授权支付结算业务。

A. 转账或现金
B. 转账或支票
C. 现金
D. 转账或支票

参考答案：A

18. 现行国库集中支付年终预算结余资金管理，采用（   ）模式，即财政部在对年终结余资金情况进行审核的同时，先将用款额度批复给预算单位使用。该模式包括额度注销、额度恢复、结余核对、结余批复四个步骤。

A. "边批边用"
B. "边审边批"
C. "边审边用"
D. 直接用

参考答案：A

19．国库集中支付预算单位结余资金，按照上级单位批复的（　　）与上年（　　）之和，减当年（　　）的余额计算，并按规定程序由财政部核定。

A．部门预算数、财政国库已支付数、预算结余数

B．预算结余数、部门预算数、财政国库已支付数

C．财政国库已支付数、部门预算数、预算结余数

D．部门预算数、预算结余数、财政国库已支付数

参考答案：D

20．单位价值虽未达到规定标准，但是耐用时间在（　　）以上的大批同类物资，作为固定资产管理。

A．1年　　　　　　B．2年　　　　　　C．3年　　　　　　D．5年

参考答案：A

21．固定资产应当按照（　　）计价，固定资产来源方式不同，其实际成本的内容也有所不同。

A．计划成本　　　　　　　　B．实际成本

C．材料成本　　　　　　　　D．实际投入

参考答案：B

22．流动资产包括库存现金、银行存款、零余额账户用款额度（财政应返还额度）、应收及暂付款项、存货等。税务系统行政单位的流动资产按取得时的（　　）计价。

A．计划成本　　　　　　　　B．实际成本

C．材料成本　　　　　　　　D．实际投入

参考答案：B

23．（　　）是指不具有实物形态而能够为使用者提供某种权利的非货币性资产。

A．有形不动产　　　　　　　B．有形资产

C．固定资产　　　　　　　　D．无形资产

参考答案：D

24．无形资产应按取得时的（　　）计价。

A．计划成本　　　　　　　　B．实际成本

C. 材料成本　　　　　　　　　D. 实际投入

参考答案：B

25. 单位价值小于（　　）的，不作为无形资产管理。

A. 500 元（含）　　　　　　　B. 800 元（含）

C. 1000 元（含）　　　　　　 D. 1500 元（含）

参考答案：C

26. 基建项目，是指税务系统投资总额在（　　）万元以上，用于新建、购建、改扩建、维修改造的办公用房和各类技术业务用房项目。

A. 5　　　　　B. 10　　　　　C. 15　　　　　D. 20

参考答案：B

27. 投资总额（　　）万元以上、不满（　　）万元的房屋及设施设备的维修改造，凡不使用中央财政基建项目经费的，可以不作为基建项目管理。

A. 10；150　　　B. 5；150　　　C. 5；200　　　D. 10；200

参考答案：D

28. 税务系统基建项目实行（　　）。

A. 分地域审批管理　　　　　　B. 分地区审批管理

C. 分级审批管理　　　　　　　D. 其他审批管理

参考答案：C

29. 税务系统基本建设项目库是税务系统根据国家基本建设和预算管理的要求，对基本建设项目进行（　　）管理的信息系统。

A. 规范化、制度化　　　　　　B. 正规化、程序化

C. 规范化、程序化　　　　　　D. 正规化、制度化

参考答案：C

30. 省、市、县税务局新建、购建和改扩建项目，以及投资总额（　　）万元以上的维修改造项目，应当按照规定的程序、权限和时间要求，签署税务系统基本建设管理承诺书。

A. 100　　　　　B. 150　　　　　C. 200　　　　　D. 300

参考答案：C

31. 初步设计审批的投资概算和建筑面积，一般不得超过项目建议书审

批的投资估算和建筑面积。因特殊情况确需增加投资概算的，其投资概算的上浮比例不得超过项目建议书审批投资估算的（　　）。

　　A. 5%　　　　　　B. 8%　　　　　　C. 10%　　　　　　D. 15%

参考答案：C

　　32. 初步设计审批的投资概算和建筑面积，一般不得超过项目建议书审批的投资估算和建筑面积。因特殊情况确需增加投资概算的，其投资概算的上浮比例不得超过项目建议书审批投资估算的（　　）；凡超过（　　）的项目应当重新办理项目建议书审批。

　　A. 5%　　　　　　B. 8%　　　　　　C. 10%　　　　　　D. 15%

参考答案：C

　　33. 因设计原因确需增加建筑面积的，其建筑面积的上浮比例不得超过项目建议书审批面积的（　　）。

　　A. 5%　　　　　　B. 8%　　　　　　C. 10%　　　　　　D. 15%

参考答案：A

　　34. （　　）应当对报送的竣工财务决算进行审核。

　　A. 办公室　　　　　　　　　　B. 财务部门
　　C. 决算部门　　　　　　　　　　D. 审批部门

参考答案：D

二、多项选择

　　1. 基本支出是指行政单位为保障机构正常运转和完成日常工作任务发生的支出，包括（　　）和（　　）。

　　A. 人员支出　　　　　　　　　　B. 管理支出
　　C. 公用支出　　　　　　　　　　D. 工资支出

参考答案：AC

　　2. 预算绩效管理主要内容包括（　　）和应用管理。

　　A. 绩效目标管理　　　　　　　　B. 绩效运行跟踪监控管理
　　C. 绩效评价实施管理　　　　　　D. 绩效评价结果反馈

参考答案：ABCD

3. 财务公开类型包括（　　）。

A. 主动公开　　　　　　　　B. 被动公开

C. 数据解读　　　　　　　　D. 依申请公开

参考答案：AD

4. 财务公开的范围要从实际出发，针对不同的内容、在不同的范围公开。属于内部管理的事项，主要通过（　　）等形式进行公开。需要对所属预算单位公开的事项，通过政策法规文件、财务工作会议及系统网站等形式进行公开。

A. 办公会　　　　　　　　　B. 群众代表会

C. 干部职工大会　　　　　　D. 公告栏、内部网站

参考答案：ABCD

5. 各单位应当将非涉密会议的（　　）等情况在单位内部公示或提供查询，具备条件的应向社会公开。

A. 名称　　　　　　　　　　B. 主要内容

C. 参会人数　　　　　　　　D. 经费开支

参考答案：ABCD

6. 预算包括（　　）。

A. 一般公共预算　　　　　　B. 政府性基金预算

C. 国有资本经营预算　　　　D. 社会保险基金预算

参考答案：ABCD

7. 预算是（　　）对一定时期收入和支出计划的编制和说明。

A. 政府　　　　　　　　　　B. 企事业单位

C. 社会团体　　　　　　　　D. 宗教团体

参考答案：ABC

8. 各部门、各单位应当按照（　　）等预算编制规定，根据其依法履行职能和事业发展的需要以及存量资产情况，编制本部门、本单位预算草案。

A. 国务院财政部门制定的政府收支分类科目

B. 预算支出标准和要求

C. 绩效目标管理

D. 本单位实际收入情况

参考答案：ABC

9. 预算编制包括（　　）等阶段。

A. "一上"　　　　　　　　B. "一下"

C. "二上"　　　　　　　　D. "二下"

参考答案：ABCD

10. 行政单位的收入，包括（　　）。

A. 其他收入　　　　　　　B. 差额收入

C. 财政拨款收入　　　　　D. 非税收入

参考答案：AC

11. 行政单位依法取得的（　　）和出租出借收入等不属于行政单位的收入，应当上缴国库或财政专户。

A. 罚没收入　　　　　　　B. 行政事业性收费收入

C. 政府性基金收入　　　　D. 国有资产处置收入

参考答案：ABCD

12. 对财政拨款收入的管理要求主要有（　　）。

A. 必须严格执行财政预算管理制度

B. 必须加强财政拨款收入的监控

C. 必须区分不同科目和不同性质的经费分别核算管理

D. 必须将全部收入全面真实准确地核算

参考答案：ABCD

13. 对其他收入的管理要求主要抓（　　）。

A. 来源必须合法　　　　　B. 管理必须合规

C. 纳税必须依法　　　　　D. 收入必须依规

参考答案：ABC

14. 行政单位的支出包括（　　）和（　　）。

A. 基本支出　　　　　　　B. 其他支出

C. 项目支出　　　　　　　D. 管理支持

参考答案：AC

15. 项目支出主要包括：（ ）、有关事业发展专项计划支出、（ ）、（ ）、大型购置支出等。

A. 基本建设支出   B. 专项业务费支出

C. 大型修缮支出   D. 专项经费支出

参考答案：ABC

16. 税务系统的项目支出主要有（ ）、（ ）、稽查办案、（ ）、信息化运维、发票印制及管理、纳税服务宣传经费等。

A. 基本建设   B. 代收代缴代征税款手续费

C. 代扣代收代征税款手续费   D. 反避税

参考答案：ACD

17. 事业单位收入内容较多，主要包括（ ）、（ ）、（ ）、附属单位上缴收入和其他收入。

A. 财政补助收入   B. 同级补助收入

C. 上级补助收入   D. 事业收入

参考答案：ACD

18. 事业单位收入管理的具体要求包括：（ ）；（ ）；（ ）；充分利用现有条件积极组织收入，提高经费自给率和自我发展能力；正确处理社会效益和经济效益的关系。

A. 保证收入的合法性与合理性

B. 正确划分各项收入，依法缴纳各种税费

C. 按需划分各项收入，依法缴纳各种税费

D. 统一管理，收入由相关部门分别管理

E. 收入统管，事业单位所有收入都由财务部门统一核算管理，严禁设账外账

参考答案：ABE

19. 政府部门财务报告由政府部门编制，主要反映本部门财务状况、运行情况等，为加强政府部门（ ）等提供信息支撑。

A. 资产负债管理   B. 预算管理

C. 绩效管理   D. 固定资产管理

参考答案：ABC

20. 部门决算管理事项主要包括：（　　）汇总报送、批复、信息公开、分析应用以及数据资料管理等。

　　A. 部门决算的工作组织　　　B. 报告体系设计

　　C. 决算报表编制　　　　　　D. 编制审核

参考答案：ABD

21. 政府部门财务报告应当包括（　　）等。

　　A. 会计报表　　　　　　　　B. 报表附注

　　C. 报表分析　　　　　　　　D. 财务分析

参考答案：ABD

22. 用款计划编制的依据是财政部批复的年度部门预算数，包括（　　）。

　　A. "二上"预算　　　　　　　B. 临时预算

　　C. 正式预算　　　　　　　　D. 调整预算

参考答案：ACD

23. 每月月底前，财政部根据批准的税务系统用款计划中各预算单位的月度财政授权支付额度，分别向中国人民银行和代理银行签发下月（　　）和（　　）。

　　A.《财政授权支付汇总清算额度通知单》

　　B.《财政授权支付额度通知单》

　　C.《支付汇总清算额度通知单》

　　D.《支付额度通知单》

参考答案：AB

24. 现行国库集中支付年终预算结余资金管理，采用"边批边用"模式，即财政部在对年终结余资金情况进行审核的同时，先将用款额度批复给预算单位使用。该模式包括（　　）。

　　A. 额度注销　　　　　　　　B. 额度恢复

　　C. 结余核对　　　　　　　　D. 结余批复

参考答案：ABCD

25. 税务系统行政单位固定资产实行分类管理，一般分为哪几类?（　　）

　　A. 房屋及构筑物　　　　　　B. 通用设备

C. 专用设备　　　　　　　　　D. 文物和陈列品

E. 图书、档案　　　　　　　　F. 家具、用具、装具

参考答案：ABCDEF

26. 流动资产是指可以在 1 年以内（含 1 年）变现或者耗用的资产，包括（　　）。

A. 库存现金　　　　　　　　　B. 银行存款

C. 零余额账户用款额度　　　　D. 财政应返还额度

E. 应收及暂付款项　　　　　　F. 存货

参考答案：ABCDEF

27. 在建工程达到交付使用状态时，应当按照规定办理（　　）和（　　）使用。

A. 工程竣工财务决算　　　　　B. 资产交付

C. 资产决算　　　　　　　　　D. 财务决算

参考答案：AB

28. 无形资产包括（　　）。

A. 著作权　　　　　B. 土地使用权　　　　C. 专利权

D. 非专利技术　　　E. 软件

参考答案：ABCDE

29. 税务系统财务部门对各级预算单位使用财政性资金情况应加强监督检查。具体监督检查内容有以下几项（　　）。

A. 是否按规定程序、批复的预算、用款计划（或额度）、合同条款、项目进度申请使用资金

B. 支付凭证是否真实、合法，上报的资料、信息是否及时、准确；

C. 是否利用报账单位转移、隐匿财政性资金

D. 是否提供虚假申请资料或信息骗取财政性资金

E. 是否有其他违反财经纪律造成财政性资金严重流失的行为

参考答案：ABCDE

30. 发生以下情形之一的，财务部门有权拒绝受理所属单位的支付申请（　　）。

A. 无预算、超预算申请使用资金的

  B．自行扩大预算支出范围申请使用资金的

  C．申请手续及提供的文件不完备，有关审核单位没有签署意见或没有加盖印章的

  D．未按规定程序申请或越级申请使用资金的

  E．预算执行中发现严重违规、违纪问题的

  F．工程建设出现重大问题的

  G．其他可能造成拒付的情形

参考答案：ABCDEFG

31．税务系统基建的资金来源包括（　　）。

  A．财政拨款   B．地方财政资金

  C．中央财政资金   D．其他资金

参考答案：CD

32．项目验收可视工程规模大小，分为（　　）和（　　）。

  A．首次验收   B．初步验收

  C．最终验收   D．竣工验收

参考答案：BD

33．税务系统国有资产分为（　　）和（　　）。

  A．行政单位国有资产   B．事业单位国有资产

  C．固定资产   D．无形资产

参考答案：AB

34．税务系统行政单位国有资产包括（　　）。

  A．使用国家财政性资金形成的资产

  B．国家调拨的资产

  C．按照国家政策规定运用国有资产组织收入形成的资产

  D．接受捐赠的资产和其他经法律、法规确认为国家所有的资产

参考答案：ABCD

35．行政、事业单位的国有资产具有以下特征：（　　）。

  A．资产是一种经济资源

  B．资产能够用货币来计量

  C．国家统一所有

D. 政府分级监管

E. 资产为行政单位或事业单位所占有。

参考答案：ABCDE

36. 国有资产管理按具体管理形式分为（　　）。

A. 财务管理部门　　　　　　　B. 资产实物管理部门

C. 固定资产使用部门　　　　　D. 固定资产管理部门

参考答案：ABC

37. 税务系统行政单位国有资产分为（　　）。

A. 固定资产　　　　　　　　　B. 流动资产

C. 在建工程　　　　　　　　　D. 无形资产

参考答案：ABCD

三、判断题

1. 行政单位支出是指行政单位为保障机构正常运转和完成工作任务所发生的资金耗费和损失。　　　　　　　　　　　　　　　　　　（　　）

参考答案：√

2. 依申请公开由申请人根据需要，向税务系统有关单位申请获取相关财务公开信息，单位政务公开领导小组要审查申请材料、研究分析申请内容、妥善处理遇到的问题并确定是否公开。对符合规定需要公开的，要及时向申请人公开，属于涉密、制作过程中不存在的或不属于本部门公开的信息要明确告知申请人。对一些要求公开项目较多的申请，按照"一事一申请"原则进行公开。　　　　　　　　　　　　　　　　　　　　　　　（　　）

参考答案：√

3. 财务公开时间要求：应与要公开的财务事项的内容及类型相适应，日常性工作内容定期公开；阶段性工作内容逐段公开；临时性工作内容及时公开；涉及职工切身利益的财务事项随时公开。

参考答案：√

4. 税务总局是税务系统汇总部门决算公开的主体，负责税务系统的决算公开工作。各省、自治区、直辖市和计划单列市税务局及税务总局各直属预算单位是本省和本单位决算公开的主体，负责本省和本单位的决算公开工作。
（　）

参考答案：√

5. 各级税务机关应将非涉密培训的项目、内容、人数、经费等情况，以固定方式进行公开。
（　）

参考答案：×

【各级税务机关应将非涉密培训的项目、内容、人数、经费等情况，以适当方式进行公开。】

6. 各单位无需将党建活动经费开支情况以适当方式公开。　（　）

参考答案：×

【各单位应当将党建活动经费开支情况以适当方式公开。】

7. 单位对已经发生的经济业务或者事项，应当及时进行会计核算，不得提前或者延后。
（　）

参考答案：√

8. 对于纳入部门预算管理的现金收支业务，在采用财务会计核算的同时应当进行预算会计核算；对于其他业务，不需进行财务会计核算。

参考答案：×

【对于纳入部门预算管理的现金收支业务，在采用财务会计核算的同时应当进行预算会计核算；对于其他业务，仅需进行财务会计核算。】

9. 预算由预算收入和预算支出组成。　（　）

参考答案：√

10. 其他收入是指行政单位依法取得的除财政拨款以外的各项收入。
（　）

参考答案：√

11. 公用支出主要是指维持机构正常运转但不能归集到个人的各项支出。
（　）

参考答案：√

12. 基本支出主要是指维持机构正常运转且可归集到个人的各项支出。
（　）

参考答案：×

【基本支出是指行政单位为保障机构正常运转和完成日常工作任务发生的支出，包括人员支出和公用支出。】

13. 项目支出是指行政单位为完成特定的工作任务，在基本支出之外发生的支出。 （ ）

参考答案：√

14. 事业单位收入是指事业单位为开展业务及其他活动依法取得的非偿还性资金。 （ ）

参考答案：√

15. 事业单位应当将各项收入全部纳入单位预算，统一核算，统一管理。事业单位对按照规定上缴国库或者财政专户的资金，应当按照国库集中收缴的有关规定及时足额上缴，不得隐瞒、滞留、截留、挪用和坐支。 （ ）

参考答案：√

16. 事业单位支出是指事业单位开展业务及其他活动发生的资金耗费和损失。 （ ）

参考答案：√

17. 事业单位支出包括事业支出、经营支出、对附属单位补助支出、上缴上级支出和其他支出。 （ ）

参考答案：√

18. 部门决算是指各部门依据国家有关法律法规规定及其履行职能情况编制，反映部门所有预算收支和结余执行结果及绩效等情况的综合性年度报告，是改进部门预算执行以及编制后续年度部门预算的参考和依据。 （ ）

参考答案：√

19. 政府各部门应当对所属各单位财务报表进行合并编制本部门财务报表。编制合并财务报表时，对部门内部单位之间发生的经济业务或事项应当经过确认后抵销，并编制抵销分录，在此基础上分项合并财务报表项目。 （ ）

参考答案：√

20. 政府部门财务报告应当包括会计报表、报表附注、财务分析等。会计报表主要包括资产负债表、收入费用表及当期盈余与预算结余差异表等。

（　　）

参考答案：√

21．会计人员在年末应将会计账簿记录的有关数据与原始凭证和记账凭证内容、有价证券、往来单位或个人等进行相互核对，每年至少对账一次，保证账证相符、账账相符、账实相符。　（　　）

参考答案：×

【会计人员在年末应将会计账簿记录的有关数据与原始凭证和记账凭证内容、库存实物、货币资金、有价证券、往来单位或个人等进行相互核对，每年至少对账一次，保证账证相符、账账相符、账实相符。】

22．零余额账户是指财政部门和预算单位在办理支付款项业务时，先由人民银行根据财政预算批复拨款凭证支付指令，通过单位零余额账户将资金支付到供应商或收款人账户。　（　　）

参考答案：×

【零余额账户是指财政部门和预算单位在办理支付款项业务时，先由代理银行根据财政预算批复拨款凭证支付指令，通过单位零余额账户将资金支付到供应商或收款人账户。】

23．预算单位零余额账户只能用于本级开支和资金转拨。　（　　）

参考答案：×

【预算单位零余额账户只能用于本级开支。不得用于资金转拨，一般情况下不得向本单位实有资金账户划拨资金，如有特殊情况，确需将资金从本单位零余额账户拨入本单位实有资金账户，需要报上级财政部门审核，收到上级财政部门批准文件后方可办理资金划转业务。】

24．零余额账户支付包括财政直接支付和财政授权支付两种方式。（　　）

参考答案：√

25．预算单位的财政授权支付业务通过本单位零余额账户办理。（　　）

参考答案：√

26．财政直接支付是指税务系统预算单位在财政部批准的财政直接支付用款额度内提出支付申请，逐级审核汇总报财政部批准后，由财政部向代理银行签发支付指令，代理银行根据财政部的支付指令，通过财政部零余额账

户，将资金直接支付到收款人（即商品或劳务的供应商等）。　（　）

参考答案：√

27．财政授权支付是指预算单位按照财政部的授权自行向代理银行签发支付指令，代理银行根据预算单位的支付指令，在财政部批准的用款额度内，通过预算单位零余额账户将资金支付到收款人或用款单位。（　）

参考答案：√

28．预算单位根据批准的年度预算，使用预算单位自行制定的格式编制用款计划。

参考答案：×

【预算单位根据批准的年度预算，使用财政部统一规定的格式编制用款计划。】

29．单笔支付超过 300 万元的，分月编制直接支付用款计划，其余分月编制授权支付用款计划。　（　）

参考答案：×

【单笔支付超过 500 万元的，分月编制直接支付用款计划，其余分月编制授权支付用款计划。】

30．调整预算一般在批复文件中明确资金支付方式，需要进行范围划分，特殊情况以税务总局通知要求为准。　（　）

参考答案：×

【调整预算一般在批复文件中明确资金支付方式，不需要进行范围划分，特殊情况以税务总局通知要求为准。】

31．（1）纳入财政统发范围的工资津贴补贴、离退休费，国有资本经营预算支出，以及财政部规定的有特殊管理要求的支出，实行财政直接支付；（2）未纳入财政统发范围的工资津贴补贴、离退休费，社会保险缴费，职业年金缴费，住房改革支出，日常运行的水费、电费、应由单位承担的支付给供热企业的取暖费，需兑换外汇进行支付的支出，以及经财政部批准后的其他支出，实行财政授权支付。除以上两种规定外，单笔支付金额在 500 万元（含）以上的支出实行财政直接支付，单笔支付金额在 500 万元以下的支出实行财政授权支付。　（　）

参考答案：√

32. 用款计划按照预算管理类型分为基本支出用款计划和项目支出用款计划。 （ ）

参考答案：√

33. 基本支出用款计划和项目支出用款计划，按照支付方式分别划分为直接支付和授权支付两部分。 （ ）

参考答案：×

【基本支出用款计划和项目支出用款计划，按照支付方式分别划分为财政直接支付和财政授权支付两部分。】

34. 基本支出分月用款数应符合年度均衡性原则，项目支出分月用款数应符合项目实施进度。 （ ）

参考答案：√

35. 实行财政授权支付的资金范围包括：中央财政拨款支出中，除纳入财政直接支付方式与范围的、直接支付额度外的全部支出。 （ ）

参考答案：√

36. 代理银行分支机构在接到《财政授权支付额度通知单》后，向相关预算单位发出《财政授权支付额度到账通知书》。 （ ）

参考答案：√

37. 《财政授权支付额度到账通知书》确定的月度财政授权支付额度在年度内不可以累加使用。 （ ）

参考答案：×

【《财政授权支付额度到账通知书》确定的月度财政授权支付额度在年度内可以累加使用。】

38. 年终预算结余资金是指纳入国库集中支付改革的预算单位在预算年度内，按照财政部批复的部门预算，当年已支付完毕的预算资金。 （ ）

参考答案：×

【年终预算结余资金是指纳入国库集中支付改革的预算单位在预算年度内，按照财政部批复的部门预算，当年尚未支付的预算资金。】

39. 投资总额，是指基建项目从筹建到竣工所需要的全部建设资金，主要包括设计勘察费、征地费、拆迁补偿费、内外装修费、设备用具费等。 （ ）

参考答案：×

【投资总额，是指基建项目从筹建到竣工所需要的全部建设资金，主要包括设计勘察费、征地费、拆迁补偿费、市政配套费、建筑安装费、内外装修费、设备用具费等。采取分期建设的基建项目，投资总额应包括基建项目各建设期的全部建设资金。税务系统基建的资金来源包括中央财政资金及其他资金。】

40. 各级税务机关没有办公用房，且无法调剂使用的，可以申请新建、购建。　　　　　　　　　　　　　　　　　　　　　　　　　（　）

参考答案：√

41. 现有办公用房由于城市搬迁、城市改造、行政区划调整等原因，按照政府有关部门的规定确需拆除或者搬迁，可以申请新建、购建。（　）

参考答案：×

【现有办公用房由于城市搬迁、城市改造、行政区划调整等原因，按照政府有关部门的规定确需拆除或者搬迁，且无法调剂使用的，可以申请新建、购建。】

42. 现有办公用房投入使用10年以上，面积不足规定标准面积三分之二，功能不全，严重制约工作正常开展，且无法调剂使用的，可以申请新建、购建或者改扩建。（　）

参考答案：×

【现有办公用房投入使用15年以上，面积不足规定标准面积三分之二，功能不全，严重制约工作正常开展，且无法调剂使用的，可以申请新建、购建或者改扩建。】

43. 现有办公用房投入使用5年以上，功能不全，影响工作正常开展，或水、电、暖、消防等主要设施损坏严重，存在安全隐患的，可以申请维修改造。（　）

参考答案：×

【现有办公用房投入使用10年以上，功能不全，影响工作正常开展，或水、电、暖、消防等主要设施损坏严重，存在安全隐患的，可以申请维修改造。】

44. 纳入项目库管理的基建项目信息，应当作为编制基建项目预算的重要依据。未纳入项目库管理的项目不得编制安排预算。（　）

参考答案：√

45. 承诺书签署后，项目建设期内单位法定代表人更换的，需重新签署

承诺书，继任者自任职之日起作为该项目相应责任人，在本单位所持承诺书上签字，并标注日期。 （ ）

参考答案：×

【承诺书签署后，项目建设期内单位法定代表人更换的，无需重新签署，继任者自任职之日起作为该项目相应责任人，在本单位所持承诺书上签字，并标注日期。】

46. 项目建设单位应当在施工单位按合同完成项目全部任务后，组织有关单位及相关人员进行项目验收。未经验收或验收不合格的基建项目，一律不得交付使用。 （ ）

参考答案：√

47. 项目竣工验收合格后，应当及时办理资产交付使用手续，并依据批复的项目竣工财务决算进行账务调整。 （ ）

参考答案：√

48. 税务系统行政单位国有资产实行国家所有，财政部监管，税务系统分级管理，单位占有、使用的管理体制。 （ ）

参考答案：√

49. 各级财务管理部门是税务系统国有资产的主管部门，负责对本单位占有、使用的国有资产实施财务管理。 （ ）

参考答案：√

50. 资产实物管理部门的管理职责资产实物管理部门对本单位占有、使用的固定资产实施实物管理。 （ ）

参考答案：√

51. 固定资产是指使用期限超过 1 年，单位价值在 1000 元以上（其中：专用设备单位价值在 1500 元以上），并且在使用过程中基本保持原有物质形态的资产。 （ ）

参考答案：√

52. 在建工程是指行政单位已经发生必要支出，交付使用的建设工程。 （ ）

参考答案：×

【在建工程是指行政单位已经发生必要支出，但尚未交付使用的建设工程。】

第六章　政府采购

必 知 考 试 大 纲

必懂复习策略

　　本章为非常基础的章节，考生对其中的考点做基本了解即可。

　　本章知识点比较集中，并且浅显易懂，在考试中也不会做太过深入的考察，备考时认真阅读记忆核心知识点并做一遍练习题即可。

　　在分级考试中，初级考试考生要侧重对政府采购的概念、基本法律框架、主要方式等了解掌握，中级考试考生则需要在了解的基础上，更加准确区分集中采购、部门集中采购、分散采购等内容，更加熟悉政府采购政策、基本要求和主要程序。高级考试考生则要注意掌握税务系统执行政府采购目录和标准有关规定、税务系统执行政府采购政策有关规定，掌握我国政府采购监管机制、政府采购质疑和投诉处理规定，掌握政府采购合同管理有关规定。

必 会 核 心 知 识

■ 政府采购，是指各级国家机关、事业单位和团体组织，使用财政性资金采购依法制定的集中采购目录以内的或者采购限额标准以上的货物、工程和服务的行为。

■ 政府采购实行集中采购和分散采购相结合，组织形式有政府集中采购、部门集中采购和分散采购。

■ 政府集中采购，是指采购人将列入集中采购目录的项目委托集中采购机构代理采购或者进行部门集中采购的行为。

■ 政府采购方式分为公开招标、邀请招标、竞争性谈判、单一来源采购、询价和国务院政府采购监督管理部门认定的其他采购方式。

■ 招标采购方式包括公开招标、邀请招标。

■ 非招标采购方式包括竞争性磋商、竞争性谈判、单一来源采购、询价等。

■ 公开招标应作为政府采购的主要采购方式。

■ 部门集中采购，是指主管部门统一组织实施部门集中采购项目的行为。

■ 纳入集中采购目录的政府采购项目，必须委托集中采购机构代理采购。

■ 集中采购目录由省以上人民政府或其授权机构根据实际情况制定并公布。属于中央预算的政府采购项目，其集中采购目录由国务院确定并公布；属于地方预算的政府采购项目，其集中采购目录由省、自治区、直辖市人民政府或者其授权的机构确定并公布。

■ 分散采购是指采购人将采购限额标准以上的未列入集中采购目录的项目自行采购或者委托采购代理机构代理采购的行为。

■ 公开招标，是指采购人依法以招标公告的方式，邀请非特定的供应商参加投标的采购方式。

■ 邀请招标，是指采购人依法从符合相应资格条件的供应商中随机抽取三家以上供应商，并以投标邀请书的方式，邀请其参加投标的采购方式。

必考点检测训练

一、单项选择

1. 政府采购实行（　　），组织形式有政府集中采购、部门集中采购和分散采购。

  A．集中采购   B．分散采购

  C．集中采购和分散采购相结合 D．自行采购

参考答案：C

2. 招标采购方式包括（　　）。

  A．公开招标   B．邀请招标

  C．竞争性谈判   D．公开招标、邀请招标

参考答案：D

3. （　　）应作为政府采购的主要采购方式。

  A．公开招标   B．邀请招标

  C．竞争性谈判   D．公开招标、邀请招标

参考答案：A

4. 部门（　　），是指主管部门统一组织实施部门集中采购项目的行为。

  A．集中采购   B．分散采购

  C．统一采购   D．自行采购

参考答案：A

5. （　　）是指采购人将采购限额标准以上的未列入集中采购目录的项目自行采购或者委托采购代理机构代理采购的行为。

  A．集中采购   B．分散采购

  C．统一采购   D．自行采购

参考答案：B

6. （　　），是指采购人依法以招标公告的方式，邀请非特定的供应商参加投标的采购方式。

    A. 公开招标   B. 邀请招标

    C. 竞争性谈判   D. 询价

参考答案：A

7. （　　），是指采购人依法从符合相应资格条件的供应商中随机抽取三家以上供应商，并以投标邀请书的方式，邀请其参加投标的采购方式。

    A. 公开招标   B. 邀请招标

    C. 竞争性谈判   D. 询价

参考答案：B

二、多项选择

1. 政府采购，是指各级（　　）、（　　）和（　　），使用财政性资金采购依法制定的集中采购目录以内的或者采购限额标准以上的货物、工程和服务的行为。

    A. 国家机关   B. 事业单位

    C. 团体组织   D. 企业单位

参考答案：ABC

2. 政府采购方式分为（　　）。

    A. 公开招标   B. 邀请招标   C. 竞争性谈判

    D. 单一来源采购   E. 询价

    F. 国务院政府采购监督管理部门认定的其他采购方式

参考答案：ABCDEF

3. 非招标采购方式包括（　　）。

    A. 竞争性磋商   B. 竞争性谈判

    C. 单一来源采购   D. 询价

参考答案：ABCD

三、判断

1. 集中采购目录由市以上人民政府或其授权机构根据实际情况制定并公布。属于中央预算的政府采购项目，其集中采购目录由国务院确定并公布；属于地方预算的政府采购项目，其集中采购目录由省、自治区、直辖市人民政府或者其授权的机构确定并公布。　　　　　　　　　　　　　　　（　）

参考答案：×

【集中采购目录由省以上人民政府或其授权机构根据实际情况制定并公布。属于中央预算的政府采购项目，其集中采购目录由国务院确定并公布；属于地方预算的政府采购项目，其集中采购目录由省、自治区、直辖市人民政府或者其授权的机构确定并公布。】

2. 纳入统一采购目录的政府采购项目，必须委托集中采购机构代理采购。　　　　　　　　　　　　　　　　　　　　　　　（　）

参考答案：×

【纳入集中采购目录的政府采购项目，必须委托集中采购机构代理采购。】

第七章 事务管理

必知考试大纲

必懂复习策略

　　本章为非常基础的章节，考生对其中的考点做基本了解即可。

　　本章知识点较为简单，在考试中也不会做太过深入的考察，备考时认真阅读记忆核心知识点并做一遍练习题即可。

　　基本上，知识点就在于每一小节的名称里，即物业管理、车辆管理、食堂管理、资产管理和公务接待与会务保障管理。其中食堂管理和资产管理较为重要，考生可着重了解。

　　在食堂管理中，考生需了解食堂管理的基本内容和食品安全卫生的处置。

　　在资产管理中，考生需熟悉机关办公用房的控制标准。

　　本章在分级考试中区别不大，基本区别在于了解、熟悉和掌握，考生备考时注意熟练掌握即可。

■ 安全管理的基本要求：一是明确岗位责任。二是建立规章制度。三是配备必要设施。四是开展常态检查。

■ 执法执勤用车是指用于办案、监察、稽查、税务征管等执法执勤公务的专用机动车辆。

■ 执法执勤用车配备应当严格限制在一线执法执勤岗位。

■ 严格公务用车使用登记和公示制度，严格登记和公示用车时间、事由、地点、里程、油耗、费用等信息。

■ 严格实行回单位停放制度，节假日期间除特殊工作需要外应当封存停驶。

■ 公务用车保险、维修、加油应该实行政府集中采购。

■ 食堂场所要保持环境整洁，并应与有毒、有害场所以及其他污染源保持规定的距离。

■ 食堂应具有合理的设备布局和工艺流程，要防止待加工食品与直接入口食品、原料与成品交叉污染，避免食品接触有毒物、不洁物。

■ 食堂从业人员在上岗前应取得健康证明。

■ 食堂从业人员应每年进行一次健康检查，必要时进行临时健康检查。

■ 任何单位或者个人不得对食品安全事故隐瞒、谎报、缓报，不得毁灭有关证据。

■ 发生重大食品安全事故的，上级税务机关应当立即成立食品安全事故处置指挥机构，启动应急预案，依照规定进行处置。

■ 税务机关综合业务办公用房分为两大类：办公业务用房、专业用房。

■ 办公业务用房包括办公室用房、公共服务用房、设备用房和附属用房。

■ 专业用房包括票证库房、纳税人资料档案室、服装（装备）库房、征收服务大厅和数据处理中心。

■ 各级工作人员办公室使用面积不应超过以下规定：（1）省级局、市级局科级以下（含）每人9平方米；（2）县级局及以下正科级每人18平方米；（3）县级局及以下副科级每人12平方米；（4）县级局及以下科员以下每人9平方米。

■ 票证（包括增值税专用发票、普通发票等）库房，按照进驻单位分别计算：省级局不得超过200平方米，市级局不得超过80平方米，县级局及以下不得超过60平方米。

■ 纳税人资料、档案室，按照进驻单位分别计算：直接管理纳税户在1万户以上的不得超过300平方米，直接管理纳税户在5000～1万户的不得超过200平方米，直接管理纳税户在3000～5000户的不得超过150平方米，直接管理纳税户在3000户以下的不得超过100平方米。

■ 服装（装备）库房按照进驻单位分别计算：省级局、市级局不得超过50平方米，县级局及以下不得过30平方米。

■ 征收服务大厅按进驻单位直接管理纳税户数合计数计算确定：纳税户数在5000户以上的不得超过600平方米，纳税户数在3000至5000户的不得超过400平方米，纳税户数在3000户以下的不得超过200平方米。

■ 附属用房的使用面积，按照下列标准控制：（1）食堂：食堂餐厅及厨房建筑面积按编制定员计算，编制定员100人及以下的，人均建筑面积为3.7平方米；编制定员超过100人的，超出人员的人均建筑面积为2.6平方米。（2）停车库：总停车位数应满足城乡规划建设要求，汽车库建筑面积指标为40平方米/辆，超出200个车位以上部分为38平方米/辆，可设置新能源汽车充电桩；自行车库建筑面积指标为1.8平方米/辆；电动车、摩托车库建筑面积指标为2.5平方米/辆。

■ 公务接待费资金支付应当严格按照国库集中支付制度和公务卡管理有关规定执行。具备条件的地方应当采用银行转账或者公务卡方式结算，不得以现金方式支付。

■ 公共机构应当于每年3月31日前，向本级人民政府管理机关事务工作的机构报送上一年度能源消费状况报告。

■ 节约型税务机关建设的具体措施：建立节能联络员制度。加强节能工作业务培训。细化节能标准和管理要求。创新节能工作载体。开展绿色系列行动。强化节水管理。开展示范单位创建。完善资源回收利用长效机制。优先绿色采购。提倡绿色办公。

■ 在全国税务系统广泛开展"五个绿色"行动：开展绿色建筑行动，组织开展节约型办公区建设，实施办公区综合节能评价。开展绿色办公行动，实行办公环境绿色化，减少使用一次性办公用品。开展绿色食堂行动，推广食堂节能节水设备、高效油烟净化设施和餐厨垃圾处理设备，促进厨房废弃物资源化利用。开展绿色信息行动，加强数据中心机房节能管理，实施数据中心机房节能改造，提高节能管理水平。开展绿色文化行动，加强节约能源资源和生态文明建设宣传教育，广泛开展节能宣传周、中国水周、全国低碳日等主题宣传活动，推进机关生活垃圾分类，引导干部职工树立生态文明理念。

必考点检测训练

一、单项选择

1. （   ）场所要保持环境整洁，并应与有毒、有害场所以及其他污染源保持规定的距离。

    A. 食堂   B. 办公   C. 活动   D. 休息

          参考答案：A

2. 办公业务用房不包括（   ）。

    A. 办公室用房   B. 公共服务用房

    C. 设备用房   D. 资料存放用房。

          参考答案：D

3. 关于各级工作人员办公室使用面积以下说法错误的是（   ）。

    A. 省级局、市级局科级以下（含）每人 9 平方米

    B. 县级局及以下正科级每人 16 平方米

    C. 县级局及以下副科级每人 12 平方米

    D. 县级局及以下科员以下每人 9 平方米

          参考答案：B

4. 关于票证（包括增值税专用发票、普通发票等）库房面积以下说法正确的是（　　）。

    A. 省级局不得超过 300 平方米

    B. 市级局不得超过 80 平方米

    C. 县级局不得超过 70 平方米

    D. 县级局以下不得超过 70 平方米

参考答案：B

5. 服装（装备）库房面积按照进驻单位分别计算，省级局、市级局不得超过多少平方米？（　　）

    A. 80 平方米　　　　　　　　B. 60 平方米

    C. 50 平方米　　　　　　　　D. 30 平方米

参考答案：C

6. 征收服务大厅按进驻单位直接管理纳税户数合计数计算确定，纳税户数在 5000 户以上的不得超过多少平方米？（　　）

    A. 300 平方米　　　　　　　B. 500 平方米

    C. 600 平方米　　　　　　　D. 800 平方米

参考答案：C

7. 食堂从业人员在上岗前应取得（　　）。

    A. 从业证明　　　　　　　　B. 厨师证明

    C. 学历证明　　　　　　　　D. 健康证明

参考答案：D

8. 食堂从业人员应多久进行一次健康检查？（　　）

    A. 每个季度　　B. 每半年　　C. 每年　　　　D. 每个月

参考答案：C

9. 发生重大食品安全事故的，上级税务机关应当立即开展的行动不包括（　　）。

    A. 成立食品安全事故处置指挥机构

    B. 启动应急预案

    C. 依照规定进行处置

    D. 未查清原因前隐瞒相关情况

参考答案：D

10. 公务接待费资金支付应当严格按照国库集中支付制度和公务卡管理有关规定执行，不得以什么方式支付？（　）

　　A. 现金　　　　B. 公务卡　　　C. 银行转账　　D. 微信转账

参考答案：A

11. 公共机构应当于每年什么时间向本级人民政府管理机关事务工作的机构报送上一年度能源消费状况报告？（　）

　　A. 3月31日前　　　　　　B. 4月30日前

　　C. 6月30日前　　　　　　D. 12月30日前

参考答案：A

12. 节约型税务机关建设的具体措施不包括（　）。

　　A. 建立节能联络员制度　　　B. 加强节能工作业务培训

　　C. 细化节能标准和管理要求　　D. 加大支出使用清洁能源

参考答案：D

13. 在全国税务系统广泛开展的"五个绿色"行动不包括（　）。

　　A. 开展绿色建筑行动　　　　B. 开展绿色办公行动

　　C. 开展绿色食堂行动　　　　D. 开展绿色出行行动

参考答案：D

二、多项选择

1. 安全管理的基本要求包括（　）。

　　A. 明确岗位责任　　　　　　B. 建立规章制度

　　C. 配备必要设施　　　　　　D. 开展常态检查

参考答案：ABCD

2. 执法执勤用车是指用于执行什么公务的专用机动车辆？（　）

　　A. 办案　　　　B. 监察　　　C. 稽查　　　D. 税务征管

参考答案：ABCD

3. 严格公务用车使用登记和公示制度，需要严格登记和公示哪些用车信息？（　）

　　A. 用车时间、地点　　　　　B. 用车里程、油耗

C. 用车事由、费用　　　　　　D. 用车人员、职务

参考答案：ABC

4. 公务用车的（　）应该实行政府集中采购。（　）

A. 年检　　　B. 保险　　　C. 维修　　　D. 加油

参考答案：BCD

5. 任何单位或者个人不得对食品安全事故（　）。

A. 隐瞒　　　　　　　　　　B. 谎报

C. 缓报　　　　　　　　　　D. 毁灭有关证据

参考答案：ABCD

6. 税务机关综合业务办公用房分为哪两大类？（　）

A. 办公业务用房　　　　　　B. 专业用房

C. 税收服务用房　　　　　　D. 资料存放用房

参考答案：AB

7. 专业用房包括（　）。

A. 票证库房　　　　　　　　B. 纳税人资料档案室

C. 服装（装备）库房　　　　D. 征收服务大厅

E. 数据处理中心

参考答案：ABCDE

8. 以下关于纳税人资料、档案室面积正确的是（　）。

A. 直接管理纳税户在 1 万户以上的不得超过 250 平方米

B. 直接管理纳税户在 5000 ~ 1 万户的不得超过 200 平方米

C. 直接管理纳税户在 3000 ~ 5000 户的不得超过 150 平方米

D. 直接管理纳税户在 3000 户以下的不得超过 100 平方米

参考答案：BCD

9. 附属用房的使用面积标准，以下说法正确的是（　）。

A. 食堂餐厅及厨房建筑面积按编制定员计算，编制定员 100 人及以
下的，人均建筑面积为 3.7 平方米；编制定员超过 100 人的，超
出人员的人均建筑面积为 2.6 平方米。

B. 停车库总停车位数应满足城乡规划建设要求，汽车库建筑面积指
标为 40 平方米 / 辆，超出 200 个车位以上部分为 38 平方米 / 辆，

可设置新能源汽车充电桩；自行车库建筑面积指标为 1.8 平方米 /
辆；电动车、摩托车库建筑面积指标为 2.5 平方米 / 辆。

C. 食堂餐厅及厨房建筑面积按单位人员计算，不超过 100 人的，人
均建筑面积为 4 平方米；超过 100 人的，超出人员的人均建筑面
积为 4 平方米。

D. 汽车库建筑面积指标为 60 平方米 / 辆，可设置新能源汽车充电
桩；自行车库建筑面积指标为 2 平方米 / 辆；电动车、摩托车库
建筑面积指标为 3 平方米 / 辆。

参考答案：AB

三、判断

1. 执法执勤用车可以用非在一线执法执勤岗位。 （ ）

参考答案：×

【执法执勤用车配备应当严格限制在一线执法执勤岗位。】

2. 公务用车严格实行回单位停放制度，节假日期间除特殊工作需要外应
当封存停驶。 （ ）

参考答案：√

3. 食堂应具有合理的设备布局和工艺流程，要防止待加工食品与直接入
口食品、原料与成品交叉污染，避免食品接触有毒物、不洁物。 （ ）

参考答案：√